中国
智媒体融合
发展报告
（2023）

赵子忠　母涛　主编

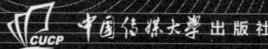

·北京·

目录

第一章 2023年智媒体融合发展概览 / 1

第一节 智能技术加速我国媒体融合转型 / 1

第二节 智媒体融合提质增效理论探索多元化 / 6

第三节 应用导向推动智媒体融合提速 / 13

第四节 主流媒体机构加速开放平台建设 / 17

第二章 智媒体评价指标体系 / 20

第一节 智媒体的概念梳理 / 21

第二节 构建评价指标体系的基本原则 / 21

第三节 评价指标体系的构建基础 / 23

第四节 指标体系的构建 / 26

第三章 商业媒体智媒化创新 / 30

第一节 百度:全面打造智能媒体解决方案 / 30

第二节 中科闻歌:多模态内容智能理解技术及其应用 / 53

第三节 数美科技:智能审核筑起 AI 安全高墙 / **79**

第四节 腾讯优图实验室:提升媒体管理效率与运营质量 / **93**

第五节 新浪微博:云为数智,赋能复杂业务场景 / **102**

第六节 商汤科技:智能视觉平台,视觉互联网时代的"水与电" / **110**

第七节 字节跳动火山引擎:算法驱动,高效实现信息找人 / **118**

第四章 主流媒体智媒化创新 / 133

第一节 央视网人工智能编辑部打造智慧思政云平台 / **133**

第二节 湖南广播电视台:5G 智慧电台 / **148**

第三节 浙江广播电视集团:"天目蓝云"技术平台和"Z 视介"客户端 / **157**

第四节 成都传媒集团:塑造"内容+技术+产业"智慧融生新生态 / **169**

附录:名词解释 / 184

第一章 2023年智媒体融合发展概览

本书是由中国传媒大学媒体融合与传播国家重点实验室新媒体研究院和成都传媒集团三色智库共同协作完成的智媒体领域研究成果，旨在记录2022—2023年以来智媒体在政策层面、学术层面、应用层面、生态层面的新要求和新动向，并加以深入的分析和解读，为主流媒体的智能化升级贡献力量。在编写过程中，课题组深入一线，对央视网等中央主流媒体及湖南广电、浙江广电、成都传媒集团等省市级媒体和百度智能云、火山引擎、新浪微博、腾讯优图实验室、商汤科技、中科闻歌、数美科技等新兴技术企业开展了调研工作，掌握了大量智媒体发展过程中的事实现状，并在此基础上加以整理和分析，来盘点中国智媒体融合发展的情况。

第一节 智能技术加速我国媒体融合转型

自2014年"媒体融合"上升为国家战略以来，我国媒体融合进程经历了"全媒体"阶段、"融媒体"阶段，并逐渐向"智媒体"阶段演进。当前，我国媒体融合发展步入深水期，智能技术日益成为支撑和驱动主流媒体朝智媒体转型升级的关键力量。国家层面和各大部委层面近年针对媒体融合、人工智能的发展出台了多项政策，智媒体发展政策红利被大量释放出来。

一、国家层面：二十大报告指明媒体融合发展方向

具体来看，习近平总书记早在2019年中央政治局第十二次集体学习时便提出要"探索将人工智能运用在新闻采集、生产、分发、接收、反馈中，用主流价值导向驾驭算法，全面提高舆论引导能力"[①]。强调要积极探索智能技术在媒体生态发展中的应用。中共中央办公厅、国务院办公厅于2020年9月26日发布的《关于加快推进媒体深度融合发展的意见》，则明确指出要以先进技术引领驱动融合发展，用好5G、大数据、云计算、物联网、区块链、人工智能等信息技术革命成果，加强新技术在新闻传播领域的前瞻性研究和应用，推动关键核心技术自主创新。[②] 运用智能技术驱动媒体融合的智能化发展，推动媒介生态进一步向智媒体平台生态升级，成为近年来国家与地方关注的重要话题。

国家"十四五"规划的发布则进一步为媒体深度融合指明了方向，突出了加速媒体智能化发展的重要性与紧迫性。2021年3月，《中华人民共和国国民经济和社会发展第十四个五年计划和2035年远景目标纲要》（以下简称《纲要》）发布，对媒体深度融合、全媒体传播体系建设以及利用智能技术推动媒体发展作出了重要部署。在总体层面，《纲要》明确提出推进媒体深度融合，实施全媒体传播工程，做强新型主流媒体，同时，以智慧广电为代表的智能媒体建设工程被明确写入"十四五"规划的建议。《纲要》指出，实施以智慧广电为代表的全媒体传播工程，向县市、乡村下沉赋能，发挥媒体基

---

① 习近平在中共中央政治局第十二次集体学习时强调 推动媒体融合向纵深发展 巩固全党全国人民共同思想基础[EB/OL].(2022-05-17)[2022-10-30]. https://tv.cctv.com/2019/01/25/ARTIfW9A74kOENDyXfd6zQJn190125.shtml.

② 中共中央办公厅 国务院办公厅印发《关于加快推进媒体深度融合发展的意见》[EB/OL].(2020-09-26)[2022-10-30]. https://www.gov.cn/zhengce/2020-09/26/content_5547310.htm.

层治理作用,建强用好县级融媒体中心。

在技术支撑层面,《纲要》明确提出了"培育壮大人工智能、大数据、区块链、云计算、网络安全等新兴数字产业"将成为"推进媒体深度融合,做强新型主流媒体"强有力的技术及产业支撑。《纲要》充分体现出党中央对打造智慧广电项目,推进全媒体传播体系,实现媒体深度融合的高度重视,也从侧面反映出国家对新兴技术驱动媒体发展转型的充分肯定。媒体生态的创新性、系统性融合发展亟须智能技术的有力驱动。[①]

在媒体融合方面,二十大报告明确指出"要加强全媒体传播体系建设,塑造主流舆论新格局",[②]充分体现了党中央对推进媒体融合发展的高度重视,对加快融合转型步伐、巩固壮大主流舆论提出了新的更高要求,将媒体融合的深度发展纳入党和国家的长远规划,要求智能媒体为全面建设社会主义现代化国家提供强大舆论支持。

国际传播是智能媒体发展的重要应用实践,二十大报告明确提出要"加快构建中国话语和中国叙事体系,讲好中国故事、传播好中国声音,展现可信、可爱、可敬的中国形象。加强国际传播能力建设,全面提升国际传播效能,形成同我国综合国力和国际地位相匹配的国际话语权"。这也对智能媒体在国际传播方面的实践提出了更高要求,强调了智能媒体需要在提升主流媒体国际传播能力方面起到更强的支柱性作用。

智能媒体的发展更离不开智能技术的驱动。二十大报告明确提出要"推动战略性新兴产业融合集群发展,构建新一代信息技术、人工智能、生物技术、新能源、新材料、高端装备、绿色环保等一批新的增长引擎"。充分体

---

① 中华人民共和国国民经济和社会发展第十四个五年规划和2035年远景目标纲要(上)[EB/OL].(2021-03-13)[2022-10-30]. http://www.thepaper.cn/news Detail_forward_11701100.
② 习近平:高举中国特色社会主义伟大旗帜 为全面建设社会主义现代化国家而团结奋斗[EB/OL].(2022-10-25)[2022-10-30]. https://www.gov.cn/xinwen/2022-10/25/content_5721685.htm.

现了党中央对于智能技术发展的高度重视,智能技术需要在产业发展中发挥带头驱动作用,成为新的增长引擎。智能媒体的发展同样要求新一代信息技术与媒体深度融合,为媒体生态的迭代升级提供强有力的技术支撑。总的来说,二十大报告不仅将媒体融合作为党和国家传媒产业未来发展的重要规划,更指明了新一代信息技术需要成为传媒业的驱动力量,充分体现了党和国家对于媒体融合的高度重视。

二、部委层面:各部委多方助力智媒深度发展

2022—2023年,科技部、工业和信息化部、网信办等各大部委均出台了有关人工智能等新一代信息技术发展的相关政策,促进新一代信息技术发展在经济发展、城市治理方面发挥带头驱动作用。其中,科技部注重人工智能技术与实体经济的融合,而工业和信息化部、网信办则关注中小型城市、乡村的数字化建设,为全媒体传播体系向中小城市、乡村下沉提供了切实可行的政策指导。

具体来看,科技部提出要加快人工智能技术与实体经济的融合,鼓励应用场景建设、加快场景创新,并从技术普及、人才培养、技术创新等层面提出战略方针与指导意见。科技部联合中央宣传部于2022年8月印发的《"十四五"国家科学技术普及发展规划》提出,要加快推进科普与大数据、云计算、人工智能等技术深度融合,打造一批科普数字化应用示范场景。[①] 2022年8月,科技部联合财政部印发的《企业技术创新能力提升行动方案(2022—2023年)》提出,要支持建设一批重大示范应用场景,鼓励创新型城

---

① 科技部 中央宣传部 中国科协关于印发《"十四五"国家科学技术普及发展规划》的通知[EB/OL].(2022-08-04)[2022-10-30]. https://www.gov.cn/zhengce/zhengceku/2022-08/16/content_5705580.htm.

市、国家自创区、国家高新区、国家农高区、国家新一代人工智能创新发展试验区等发布一批应用场景清单,向企业释放更多场景合作机会。① 2022年7月印发的《关于加快场景创新以人工智能高水平应用促进经济高质量发展的指导意见》提出要以促进人工智能与实体经济深度融合为主线,以推动场景资源开放、提升场景创新能力为方向,强化主体培育、加大应用示范、创新体制机制、完善场景生态。②

工业和信息化部则关注到中小型城市信息基础设施建设,为智媒体深入中小型城市提供了政策指导。其中,工业和信息化部联合国家发展改革委于2022年1月印发的《关于促进云网融合 加快中小城市信息基础设施建设的通知》明确提到,要协同部署工业无源光网络(PON)、工业OTN、5G基站、边缘计算、行业终端等设施,推广应用网络切片、AI、物联网等新技术,建设适应数字化发展的融合基础设施体系。③

网信办则关注到数字乡村的信息建设,乡村是部署全体传播体系的最基层,是发挥智媒体基层治理作用的重要场景。网信办等五部门于2022年4月印发的《2022年数字乡村发展工作要点》明确提到要充分发挥信息化对乡村振兴的驱动赋能作用,加快构建引领乡村产业振兴的数字经济体系,构建适应城乡融合发展的数字治理体系,为智媒体在乡村的发展提供了切实

---

① 科技部 财政部关于印发《企业技术创新能力提升行动方案(2022—2023年)》的通知[EB/OL].(2022-08-05)[2022-10-30]. http://www.gov.cn/zhengce/zhengceku/2022-08/15/content_5705464.htm.

② 科技部等六部门关于印发《关于加快场景创新以人工智能高水平应用促进经济高质量发展的指导意见》的通知[EB/OL].(2022-07-29)[2022-10-30]. http://www.gov.cn/zhengce/zhengceku/2022-08/12/content_5705154.htm.

③ 工业和信息化部办公厅 国家发展改革委办公厅关于促进云网融合 加快中小城市信息基础设施建设的通知[EB/OL].(2022-01-22)[2022-10-30]. http://www.gov.cn/zhengce/zhengceku/2022-01/28/content_5670932.htm.

可行的战略指导。① 2023年7月13日,国家网信办联合国家发展改革委等七个部门公布《生成式人工智能服务管理暂行办法》,提出国家坚持发展和安全并重、促进创新和依法治理相结合的原则,采取有效措施鼓励生成式人工智能创新发展。

总的来说,在政策红利的助推下,我国媒体融合已步入深水区,主流媒体正从全媒体、融媒体加速迈入智媒体时代。智媒体发展将重新定义未来的媒体生态,基于"数据+算力+算法"等智能技术,构建智能化高效精准决策运营体系,以应对信息传播系统复杂的不确定性,其将成为驱动传媒业高质量发展的底层逻辑和全新模式。

第二节 智媒体融合提质增效理论探索多元化

国家从政策层面为智媒发展指明了方向,学界则从学术层面为智媒发展提供了切实可行的建议。2023年上半年,学界有关智能媒体融合的研究成果丰硕,不仅在数量与质量上有了较大提升,更是在理论探索方面融合了多元学科视角,此外在研究主题方面,智媒研究成果也突破了常规研究主题,进一步深入智能媒体对于技术、社会的影响与反思层面。

一、成果层面:数量质量齐升,学科视角多元

2023年上半年,中国知网平台上以"智媒""智媒体""智能媒体""智能化媒体"为主题的学术期刊论文共计573篇。其中,中文社会科学引文索引

---

① 2022年数字乡村发展工作要点[EB/OL].(2022-04-20)[2022-10-30]. http://www.cac.gov.cn/2022-04/20/c_1652064650228287.htm.

（CSSCI）来源期刊论文119篇，占比为20.7%，中文核心期刊要目、来源期刊、来源文献144篇，占25%，研究成果质量整体较高。其中，从学科分布来看，新闻与传媒学科是智媒体研究名副其实的主力学科，全部研究成果中共有318篇来自新闻与传媒学科，其成果产出占成果总量的55.5%，此外，智媒体研究学科还涉及高等教育学科、计算机软件及计算机应用学科、自动化技术学科等多领域学科，呈现出多学科交叉融合研究的趋势（图1-1）。

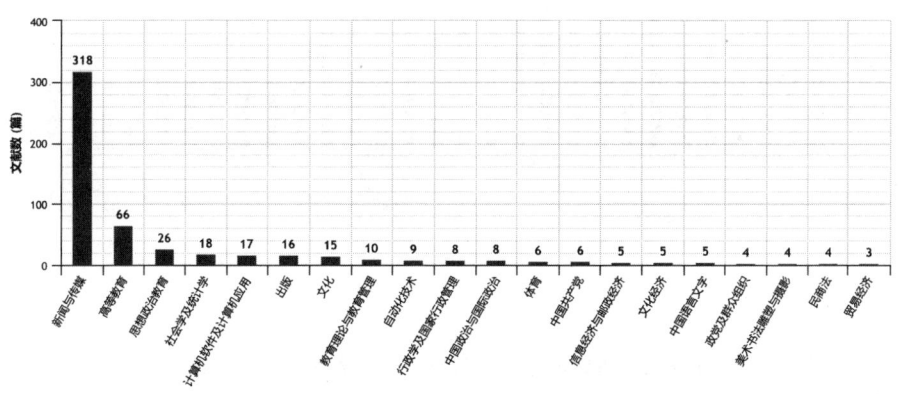

图1-1 2023年上半年智媒研究学科分布

从成果贡献机构来看，中国传媒大学位列成果产出榜首，共有17篇文献出自该科研机构。此外，中国人民大学、浙江传媒大学、武汉大学、清华大学等传媒强校为智媒体研究的主力研究机构（图1-2）。

从国内作者分布来看，中国传媒大学的赵子忠共发布5项研究，主要研究领域是新技术背景下的智能媒体发展趋势与变革；中国传媒大学的徐琦共发布4项研究，主要研究领域是AI技术在媒体中的影响等；清华大学的陈昌凤共发布3项研究，主要研究领域是智媒赋能与AIGC价值伦理问题。

整体而观，2023年上半年，智能媒体研究成果在数量维度和质量维度上同比显著提升，虽然主力研究学科仍是新闻传播学科，但社会学、心理学、管理学等多元学科视角也被广泛运用在智媒研究上。此外，也有计算机科学、

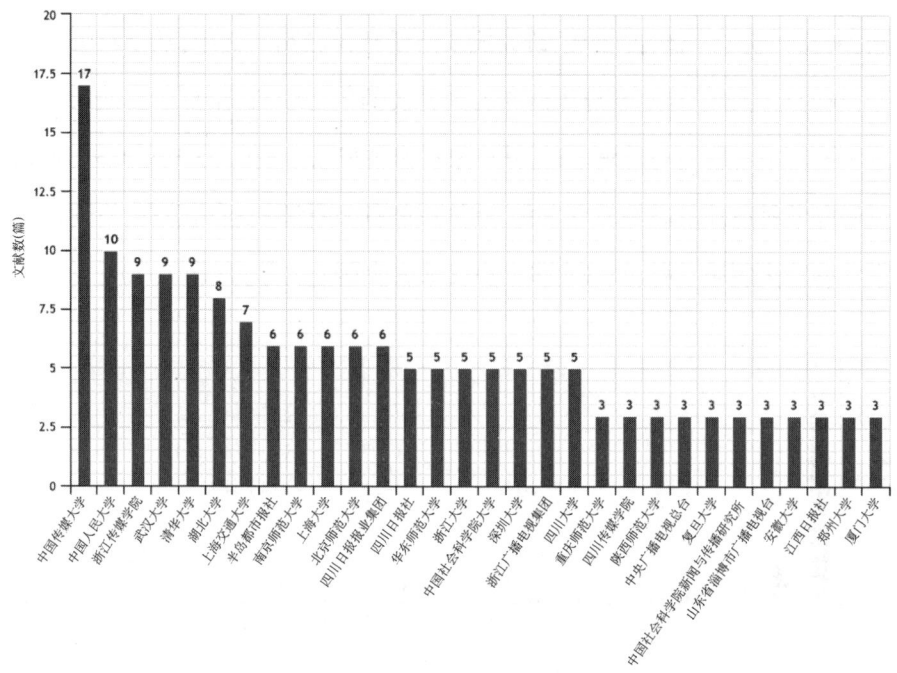

图1-2 2023年上半年智媒研究成果贡献机构分布

社会学等其他学科参与智媒的研究,呈现出多元学科交叉融合的特征。

二、主题层面:突破常规研究议题,研究主题逐渐深入

从研究主题和研究重点来看,2023年上半年,我国智媒体研究一方面持续关注智能媒体技术与应用、全国两会报道中的智能媒体创新等常规议题;另一方面,紧跟产业创新,关注数字人、虚拟主播、虚拟偶像等新兴产业变化。同时,学界对于智媒的探讨也逐渐深入学理层面,开始关注智媒应用过程中对人与技术、人与社会关系的影响,并提出了诸多有关智媒使用过程中的反思与建议。

在智能媒体技术与应用方面,许志强指出了5G、人工智能、虚拟数字人、

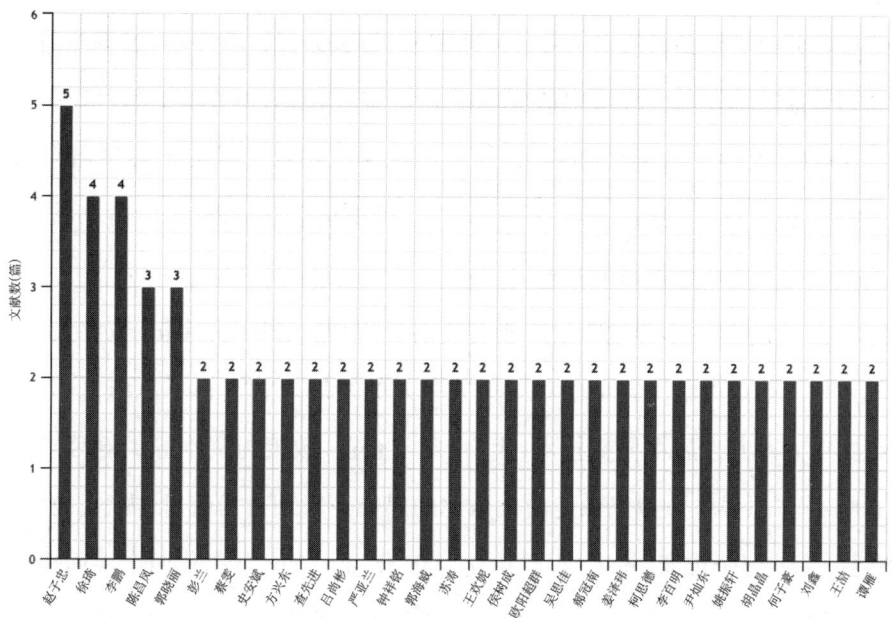

图 1-3　2023 年上半年智媒研究国内作者分布

区块链等新兴科技在媒体融合中的新应用;①柳清荣、徐莉则以浙江广电为例,讨论了人工智能、大数据、云计算等先进技术在智能媒资系统中的运用;周静宜则关注到融媒体平台建设在推进媒体融合中的作用,认为平台建设能推进媒体融合由"窄融合"向"宽融合"转变;②郝红霞、严三九则关注到智能传播技术在出版领域的应用,传统出版格局正在向全媒体出版演进;③杨高平、王党飞则关注到 5G、区块链、AR 眼镜等技术在电影产业的运用,认为基于 LBS 场景的点对点分发观影将成为与传统影院观影共生的另一种主流观影业态。④

---

① 许志强.媒体融合发展新样式、新阶段与新挑战[J].中国出版,2022(8):38-42.
② 柳清荣,徐莉.全媒体传播格局下智能媒资的管理与应用:浙江广电的实践与思考[J].中国广播电视学刊,2022(3):122-125.
③ 郝红霞,严三九.智能传播时代全媒体出版路径探析:基于场景的视角[J].编辑之友,2022(6):12-15,93.
④ 杨高平,王党飞.后影院:智媒时代与移动观影图景[J].电影文学,2022(5):92-96.

在全国两会报道中的智能媒体创新方面,廖媌婧就内容、技术、传播三个层面分析了两会报道中的融合传播创新,着重关注云端两会、虚拟主播等新型传播技术在两会报道中的应用;①曾祥敏、刘思琦则关注了总台在深化"5G+4K/8K+AI"战略的基础上,探索以视频化传播为核心的深度融合模式;②郭小平、彭媛则关注到 AI 虚拟主播、可视化信息传播、云传播、沉浸式传播等技术在两会报道中的运用。③

在产业层面,学界也紧跟产业实践创新,领先探讨了元宇宙、数字人、虚拟主播等热点议题。郭全中对虚拟数字人的发展现状进行了总结,认为虚拟数字人及其发展主要受技术、用户、参与企业、政策与资本等关键因素的影响;④许志强将虚拟偶像走向大众化的媒介逻辑划分为流量、内容、技术、传播、商业五个维度,并从"再政治化"、IP 化、拟人化、常态化四个层面探讨了虚拟偶像未来发展的"四化"布局;⑤谢新水则关注了虚拟数字人成长面临的三重技术难题:元宇宙自身成长和治理的复杂性、元宇宙和虚拟数字人共同建构的复杂性以及元宇宙算法控制的复杂性。⑥

不仅如此,学界对于智媒体的研究逐步深入,诠释转向和思辨转向显著,学者针对智媒概念辨析、智媒生态解析、智媒中的人机关系、智媒与传播伦理等方面展开了深入探讨,并提出了反思与建议。在智媒概念辨析方面,方兴东、钟祥铭对智能媒体的概念进行辨析,认为新闻传播学旧有的路径依

---

① 廖媌婧.全国两会媒体创意报道的融合传播策略研究[J].传媒,2022(18):32-34.
② 曾祥敏,刘思琦.视频化传播为核心的深度融合探索:2022 年总台全国两会报道的创新实践思考[J].电视研究,2022(4):4-8.
③ 郭小平,彭媛.从技术可供到技术赋能:新型主流媒体两会报道的融合创新[J].电视研究,2022(4):9-13.
④ 郭全中.虚拟数字人发展的现状、关键与未来[J].新闻与写作,2022(7):56-64.
⑤ 许志强.元宇宙视域下的人工智能虚拟偶像[J].青年记者,2022(10):55-57.
⑥ 谢新水.虚拟数字人的进化历程及成长困境:以"双重宇宙"为场域的分析[J].南京社会科学,2022(6):77-87,95.

赖误导了学术界对于智能媒体的理解,智能媒体的核心在于"数据"而非"智能",智能媒体是指基于算法,以实时、动态的大规模数据为核心驱动的内容生产和传播的媒体形态;①黄升民、刘珊认为目前学界对于智能媒体的定义偏向于对智能媒体"功能"的解读,无法阐释智能媒体的"智能"究竟是什么,他们认为智能媒体的底层逻辑是对事物的认知、理解,进而进行预测和决策,完成智能化的运营。②

在智媒生态解析方面,甄锐、袁璐从"技术内部思考者"的视角分析了技术驱动媒体融合所具有的功能价值、情感价值、便利价值、社会价值,同时反观技术渗透媒体行业发展所面临的融合困境、管理困境、专业困境和人才困境,并提出情境化的媒体融合、人性化的智能传播模式和具有可解释性的技术应用体系三条路径;③黄家圣、陈昌凤从组织与管理视角阐释了媒体的价值链、产业链和供应链,探讨了如今媒体发展的整体业态与特性,认为产品思维、数据思维和平台思维可被视为构筑智能媒体全链条的三重理念;④吕尚彬、黄荣则从分形理论出发,认为智能媒体演进具有系统复杂化、网络复杂化、关系复杂化和环境复杂化四重复杂性维度。⑤

在智媒与人机关系方面,王娟、杨书昆总结了目前关于算法信任的两种研究范式,并在伦理演化语境中探讨了信任概念的变革路径,依据信任扩散/默认模型,在人与智能媒体共同主导的新生传媒生态中建构默认信任区域;⑥师文等人则采用话语研究视角,将学术界围绕算法形成的话语归为六

---

① 方兴东,钟祥铭.智能媒体和智能传播概念辨析:路径依赖和技术迷思双重困境下的传播学范式转变[J].现代出版,2022(3):42-56.
② 黄升民,刘珊.重新定义智能媒体[J].现代传播(中国传媒大学学报),2022,44(1):126-135.
③ 甄锐,袁璐.困境与出路:技术视角下的媒体融合与智能传播[J].青年记者,2022(19):44-46.
④ 黄家圣,陈昌凤.构筑智能媒体全链条的三重理念:产品、数据、平台[J].电视研究,2022(1):8-12.
⑤ 吕尚彬,黄荣.论智能媒体演进的复杂性维度[J].山东社会科学,2022(2):125-133.
⑥ 王娟,汤书昆.智能媒体算法信任建构路径探讨[J].自然辩证法研究,2022,38(5):55-61.

类,并具体阐释了不同话语的逻辑、关键发现、进步性与局限性;①冯雯璐等则认为在智媒趋势下,人机协同向人机共生和人机融合演化,人际关系从"二元对立主体"向"复合型共同主体"转变,需要对科技的"价值理性"和"公共利益"进行重新考察。②

在智媒运用过程中产生的传播伦理问题方面,江凌等人认为,智能媒体在打破信息知识生产与传播壁垒的同时,带来了流量分配不均、知识内涵较低与错误价值导向等问题,智能媒体编辑知识传播正义的优势与劣势并存;③杨洸则关注到智能媒体对舆论极化的影响,认为在线媒体的平台技术与人们的选择性接触、动机推理、社会身份和社会认同机制高度契合,因此极化现象得到加剧;④段鹏、张倩则关注到"刷屏"作为一种智能触控媒介实践,导致了休闲的异化,并且夸大了意识的虚拟沉浸性与身体物理性之间的鸿沟,使人的身体实践与知觉运转出现分化。⑤

总的来说,学界有关智媒的研究,不仅停留在对智媒技术的实践运用层面,也关注到了产业层面的新兴变化,更进一步对智媒的内涵进行了重新阐释,对智媒生态的发展逻辑与演化方向进行了规律性的探索与总结,并对智媒运用过程中伴随的诸如知识壁垒、舆论引导、信息隐私等社会问题进行了反思。

---

① 师文,陈昌凤,吕宇翔.逻辑、发现与局限:近五年来智媒研究的六种算法话语[J].编辑之友,2022(4):82-89.
② 冯雯璐,白紫冉,乔羽.智能传播趋势下的人机关系及其伦理审视[J].湖南大学学报(社会科学版),2022,36(3):154-160.
③ 江凌,皮佳萱,樊玲.智能媒体编辑:知识生产与传播正义的实现[J].中国编辑,2022(10):47-53.
④ 杨洸.智能媒体加剧了舆论极化?——基于媒介技术、信息特征和个人心理的分析[J].青年记者,2022(18):15-19.
⑤ 段鹏,张倩.智能触控媒介实践的生产、操演与反思[J].现代传播(中国传媒大学学报),2022,44(2):1-8.

第三节 应用导向推动智媒体融合提速

当前阶段,我国媒体融合正在加速向纵深化发展,智能化是其重要驱动力之一。人工智能被运用到新闻生产传播的全流程与全链条,在策划、采集、制作、风控、分发、运营、管理、评价等各环节都涌现了大量优秀智媒体应用,如数据采集机器人、机器人写作、虚拟主播、智能采编、算法分发、智能媒资管理、智能营销、智能舆情监测、版权保护等智媒体新产品、新应用层出不穷,彰显了人工智能对于传媒业的全局赋能效应。本书聚焦2023年智媒体融合发展重点领域与亮点特色,重点解析七大业务方向的现状和发展方向。

智能云:云智一体,促进智媒体经济高质量发展。在当前的技术背景下,政策驱动传统媒体快速向融合化、智慧化、移动化、高清化转型,传统媒体正向自主可控、互动、智能型媒体发展。智能云平台底层是媒体云,能力中台主要包括媒体中台、AI中台、协同中台、数据中台与研发中台,前台则针对当前需求痛点,覆盖主要工作场景,涵盖媒体内容的聚合、生产、管理、分发及媒体的智能运营等业务板块。以百度为例,百度智能云通过与央媒、省市广电等媒体机构及头部学校合作,为媒体机构定制与提供智能媒体解决方案,构建全流程、全场景智媒体业务系统架构,推动媒体产业的智能化升级。央视网、《人民日报》等主流媒体利用智能云等相关技术的支持,通过智能策划、智能采编、智能审校等实现高效高质的媒体内容创作,以智能化驱动内容生产,提高媒体的公信力、影响力,打造新型主流媒体、融媒体的大发展格局。智能云"以云计算为基础"支撑数字化转型,以"人工智能为引擎"加速产业智能化升级,促进智媒体经济高质量发展。

智能视觉:为"视觉互联网"时代提供"水与电"。未来二十年,人类社会将加速步入"视觉互联网"新时代,视觉数据也将随之迎来信息"大爆炸",智能开放平台、AI超算中心、AI芯片成为视觉互联网的"新商业基础设施",加速视觉商业的发展与进化。商汤科技自主研发的开放视觉计算平台通过深度学习训练框架、视觉数据辅助标注、视觉算法工具链、分布式异构计算等能力模块,赋予嵌入视觉互联网系统的企业端到端的AI能力,打造中国智能视觉商业生态圈。在行业实践中,智能视觉平台主要通过视觉场景及物体识别、OCR文字识别、自然语言处理等人工智能引擎,再结合大数据和云技术,打造高度完善的智能中台、内容中台及数据中台,高效准确地对目标媒体资源进行视音频内容的记录、传播和运营。依托深度学习算法与AI技术,智能视觉平台能够对媒资内容进行多模态智能解析,全面提高从媒资处理、内容生产到后期审校的全流程工作能力及效率,同时实现产品内容优质化、生产过程高效化、作业结构创新化,赋能媒资融合生产的智能化处理。

大数据机器学习:云为数智,技术融合赋能业务场景。移动互联使信息传输呈现出便捷即时化、垂直碎片化、云端化等新特点,导致信息传播效率、范围和影响力等发生了根本变化,机器对于大数据处理的需求应运而生。在训练数据海量化及多样化、AI模型复杂化及通用化、算力高效化及规模化的总体发展趋势下,大数据机器学习分化出四个相对具体的发展方向:多模态数据融合、超大规模图计算、AI研发哑铃模式以及AI模型从专用模型走向通用模型。当前,微信、微博等各大社交平台都开始用大数据机器学习来服务海量的数据处理和用户信息处理。新浪微博利用机器学习的AI新技术驱动平台智能化推荐业务,采用多模态理解技术对微博内容数据进行预训练,采取超大规模图计算更好地理解用户兴趣,以多场景建模的方式为用户匹配相关的推荐内容,对其自主研发的微博推荐系统完成创新赋能。

虚拟数字人:有颜有智,人机交互新突破。在元宇宙的概念加持下,技术驱动和需求牵引助力数字人市场高速发展。根据拟人化程度及生产制作的自动化程度，数字人可被分成L1—L5五个等级，L4级别以上的AI数字人具有多模态人机交互、深度学习和AIGC等显著特点，可以独立、自然地与人进行实时智能化交互，实现从"有颜无智"到"有颜有智"的跃升。现阶段AI数字人可应用于创建IP影响力，或替代真人服务、实现降本增效，帮助企业提升"人力"资源的投入—产出效率。商汤科技所研发的AI数字人目前已应用于金融网点、手机银行、购物中心、党建展厅、政务前台、品牌营销、智慧车舱等多个场景，为客户群体提供个性化、智能化服务，创造全新的交互式体验。字节跳动旗下的云服务平台火山引擎利用角色重建系统、实时驱动及动捕系统、动画合成系统等技术，打造出数字人"卡诺橙"，并以虚拟偶像人物的身份登上北京电视台春晚。随着技术的进一步成熟，虚拟数字人的商业化进程还将不断加速，逐渐突破应用边界，满足用户与数字世界的连接和交互需求，未来更有望成为虚实融合世界的超级入口和人类的"超级助手"。

智能标签：提升媒资管理效率和运营质量。当前智能标签结合AI技术和大平台内容运营经验，提供视频全维度标签提取能力，输出基于音视图文的全维度标签和内容文本；标签结果丰富全面，同时具有高准确率、高有效性、高价值等特点，可供媒体、短视频、电商等行业的内容创作、内容管理、内容运营等业务场景快速使用，能够有效提升媒资内容管理效率和内容运营质量。腾讯优图实验室依托腾讯内部人工智能实验室自研核心技术，开发了腾讯云智能标签，建立了可精准识别并提取视频高价值内容的标签体系，结合算法能力持续迭代，优化智能标签效果，稳定、高效输出媒资内容标签。在实际应用中，腾讯云智能标签可以帮助内容运营，提高作品的曝光度；检索定位视频素材，反推内容的高效化、规模化创作生产；结合智能推荐技术实现内容与用户的精准匹配，打造用户运营系统。利用智能标签建立细分的内容框架结构，还可以协助企业或平台完成媒资素材的智能归类存储，提升运营管理的效率。

智能审核：人机协同，筑起内容安全高墙。UGC 在丰富互联网内容的同时，其多样性为平台的内容风控和审核带来了极大挑战。智能审核通过对海量数据的深度学习，结合算法对特定场景进行建模分析，进行文本、图片、视音频内容识别，再结合生成内容的账号行为与全球风险库，可精准识别不良内容风险，实现高效、准确、全面覆盖的内容审核与过滤。基于海量网络数据样本，数美科技的全栈式智能内容风控产品——天净通过用户画像系统和特色智能语义分析功能，实现对文本、图片、视音频中风险内容的精准识别及过滤，所涉及的风险涵盖多种类别的违规行为，且同时支持多语言识别、智能分级识别。针对不同业务场景需求，系统提供个性化模型定制，并可以通过可视化 Web 审核后台，查看风险内容的趋势分析，对潜在风险进行预测与判断。智能审核能有效解决在线业务中广泛存在的业务风险与内容风险，为企业数字化转型保驾护航，提供更可靠的内容安全保障。

智能推荐：算法驱动，高效实现信息找人。基于用户行为的大数据，通过算法模型预测每个用户的兴趣，匹配相对应的个性化推荐内容，满足多元化场景的推荐需求，实现千人千面的信息分发，从而推动互联网信息分发模式从"人找信息"转变为"信息找人"。新浪微博通过多模态预训练模型、超大规模图计算等技术进行内容理解、用户理解，采取多场景建模的方式，构建高效率的推荐系统，使一个推荐模型可以服务于多元场景，节省模型资源。目前智能推荐应用的行业多种多样，分发方式呈现出泛内容化、泛交易化、全行业覆盖等特点，智能推荐的应用能够使媒资内容实现用户端的主动式精准触达，高效提升流量活跃度与运营效率，提高销售贡献度，同时全面降低运营成本。

第四节　主流媒体机构加速开放平台建设

从生态格局演进趋势来看，领先的新型主流媒体和头部互联网商业平台两大阵营是智媒新生态的关键引领力量。其中，以阿里巴巴、腾讯、百度、字节跳动、新浪等为代表的头部互联网商业平台凭借庞大的生态体系和资源优势抢先布局人工智能赛道并切入媒体业务，其智媒化发展优势显著。与此同时，对于处于媒体融合深水区的主流媒体而言，智能化发展不仅是战略方向所指，也是其与商业平台角力竞争的必由之路。近年来，人民日报、新华社、中央广播电视总台以及多家地方媒体积极拥抱人工智能，持续利用AI优化自身技术架构，提升研发能力，增强价值导向，做大用户规模，做强内容体系、运营体系与服务体系，不断推动智能化应用创新，蓄力打造开放共享的智媒新生态，新型主流媒体智媒体建设成效初显。

在智媒体建设过程中，新型主流媒体以"平台化"为发展的重要手段，从技术、生产、组织、产业、平台五大维度持续推动媒体与社会系统各要素之间的良性互动，坚持以内容建设为根本、先进技术为支撑、创新管理为保障，构建开放稳定的智媒体生态。对内，主流媒体机构以AI技术赋能内容生产消费流程，打造全链条智能化产消体系，有效提升媒体内容生产、触达的效能及效率；对外，依托AI技术底座构建开放生态，形成与用户、其他媒体机构、企业、政府等多元主体的新连接，通过共享开放的人工智能新平台打造以媒体为核心向外拓展的生态系统。

重塑智能技术底座，加速智媒体技术迭代。智能技术是支撑媒体平台化转向的重要依据，进入智媒体时期，主流媒体机构充分整合社会系统中的技术资源，实行技术合作与技术研发并行策略，与商业媒体、技术厂商等持续竞合,不断建设自身的技术研发实力。对于非核心技术,主流媒体采用外包或与互联网公司进行战略合作的方式,快速高效地补足自身技术短板。例如,人民日报借助百度提供的技术支持,成立人民日报智慧媒体研究院,结合百度智能云的"云+AI"打造"创作大脑"一站式智能创作平台,助力智能编辑部建设。另外,主流媒体通过引入技术人才、与研究机构和技术企业合作,强化技术研发实力。新华社与阿里巴巴合作成立新华智云公司,自主研发出"媒体大脑",为不同的媒体场景提供技术支持及智能化解决方案。通过技术合作、技术研发相结合的方式,主流媒体机构有效整合技术资源,重塑平台的底层智能技术支撑,使其不断适应媒体业务流程与应用场景的变化,加速媒体在智媒体领域的制播技术与应用的全周期升级与迭代。

推动智媒生态竞合,打造开放性生产平台。在内容生产方面,主流媒体机构通过智媒体平台建设,依托自身技术资源优势打造开放、共享的技术平台,打破各级媒体间的壁垒,营造互联互通、共享开放的平台新生态,让媒体生态内部的优势资源流动起来,深化智媒体生态的竞合关系。在主流媒体的实践中,新华社将"新华号"打造成内容生态的基础设施平台,通过其"端网云号"实现内容互动、数据共享、整合传播,从而联动全网,有效整合各级媒体内容与传播渠道;中央广播电视总台也启动了人工智能能力开放平台的建设,整合开发媒体资源。主流媒体在开放性生产平台建设过程中积累的技术资源和经验,也为地方媒体的平台化转型提供了典范。成都传媒集团由传统报业集团向新型"智媒体集团"转型,以智能化为抓手,结合自身特色与优势打造了"每经""红星""成都发布"等媒体品牌,用智能要素带动传媒与产业板块升级,构建媒体集群和产业集群"智慧融生"的新生态。更多的各级媒体可以借助开放平台的软硬件技术,结合自身特色搭建平台体系,进一步深化各级媒体间的竞合关系,形成稳定开放、可持续运转的媒体生态。

加速产业融合破界,"媒体+"重构互动关系。主流媒体依托自主开放平台,与政务、服务、商务等领域加深合作,构建与其他产业的联结关系。主流媒体利用自身的智能平台,面向政府部门、民生服务领域、各商务行业提供定制化媒体服务及媒体解决方案,提供平台智能应用或帮助搭建智能应用框架。例如,央视网人工智能编辑部推出"智能政务"解决方案,打造"基层治理大数据平台",为政务工作提供数据支持,通过对政务数据的挖掘、聚合、分析,为政府决策提供支撑;央视网还打造了智慧思政云平台,运用"云数智"技术创新思政教育模式,利用媒资优势促进数字化思政教育内容资源建设,以先进技术赋能教育发展。"媒体+"的模式加速了产业之间的融合破界,重构了媒介生态中的互动关系,使主流媒体机构在价值协同过程中创造商业价值,实现了媒体生态的拓展。

第二章 智媒体评价指标体系

随着云计算、物联网和大数据等新技术的兴起，人工智能近年来发展势头强劲。自 2017 年起，人工智能已经连续三年被写入我国《政府工作报告》。在传媒领域，习近平总书记明确提出主流媒体要用好人工智能等信息技术革命成果，推动核心技术的自主创新。2019 年，《求是》杂志发表习近平总书记的重要文章《加快推动媒体融合发展　构建全媒体传播格局》。文章强调，"探索将人工智能运用在新闻采集、生产、分发、接收、反馈中，用主流价值导向驾驭'算法'，全面提高舆论引导能力"。各级媒体在国家重大发展战略下做出了全方位的适应调整，通过媒体智能化来重构传统媒体的生产流程、价值链条和组织体系，用更为开放的姿态和更多的优质内容，实现传播力、影响力、引导力、公信力的不断提升。

当前，智能化被认为是传媒产业发展的重要趋势，也是未来传播模式创新的核心逻辑。智媒体评价指标体系的建立，无论是对于智媒体的顶层设计还是实践落地都具有重要的现实意义。基于此，本章开展智媒体评价指标体系的研究。

第一节　智媒体的概念梳理

"智媒体"这一概念是媒体将人工智能应用在策、采、编、发等过程中出现的一个概念。当前,学界对该概念的定义还没有达成共识,众多学者对其的划分较为笼统。有学者认为智媒体是"在技术助力下能够更懂得人类的需求的信息服务介质或机制";有的学者从传播渠道入手,将基于智能终端进行传播的媒介称为智媒体;有的学者对传播过程进行研究,认为在传播过程中媒体运用了人工智能就可以称为智媒体;还有的学者提出智媒应该是在信息生产中经由人工智能生产出来、在传播过程中经由算法智能推荐并在智能终端中呈现的信息的生产主体。

本书基于前人的研究,拟对智媒体做更加宽泛的定义:媒体机构在策、采、编、发等任一环节运用了人工智能相关技术,创新了内容产品或者是提高了生产效率、传播效果,则该媒体被称为智媒体。

第二节　构建评价指标体系的基本原则

建立智媒体评价指标体系的最终目标是对智媒体的发展和建设进行更加有效的指导,为推动媒体融合发展提供理论依据。因此,指标体系的选取主要遵循以下原则:坚持主流价值引导原则、可操作性原则、独立性原则、客观公正原则。

一、坚持主流价值引导原则

商业平台和主流媒体平台的人工智能推荐算法存在很大区别。商业平台将"猜你喜欢"推荐算法运用到极致,但是媒体机构的人工智能算法就必须考虑"过滤气泡""信息茧房"等潜在风险,必须强调"用主流价值导向驾驭算法",以满足传媒业舆论引导需求。评价体系通过考察人工智能算法中是否有主流价值引导,体现对主流媒体定位的关注。

二、可操作性原则

本研究构建智媒体评价指标体系的根本目的是帮助媒体在推进媒体融合的实践中,了解到本机构智媒体布局中取得的客观成绩,帮助媒体管理部门进行管理和决策。为了实现指标体系的可操作性,评价指标的遴选过程需要充分验证指标数据是否可采集、可量化,以保证评价指标体系在媒体机构可以被使用。

三、独立性原则

独立性原则具体包含两个层面的含义:第一,评估主体本身是独立的,不依附于评估对象,并且在利益和利害关系上和评估对象没有任何关系。第二,在评估过程中,评估主体始终坚守第三方原则,不受外界意图的干扰。

四、客观公正原则

评估过程应该以客观数据为基础,数据来源于第三方,不受评估对象干扰。此外,对于评估大数据中有可能产生的数据污染应当尽可能剔除。

第三节　评价指标体系的构建基础

一、实践基础

目前主流媒体机构已将人工智能技术运用到"策采编审发评管"工作流程中的一个或多个环节,大幅提升了生产效能。媒体智能化能有效解决传媒业痛点需求,当前主要应用方向包括信息采集、内容生产、内容审核、内容分发等。上述以传媒业需求为导向的媒体智能化应用,对传媒业高质量发展形成了初步的支撑。

(一)信息采集

传统媒体时代,信息采集主要依赖人力提供的信息和数据作为新闻生产的原始数据。智媒体时代,以传感器为载体、大数据处理技术为支撑的传感器技术对丰富和优化新闻源起到了重要的作用。在采集环节,智能化应用可从社交媒体、大数据、传感器、卫星、高速摄像机等渠道不间断地采集图片、文字、视频、音频等信息,从而提升多元终端的信息利用率,拓展媒体报道的多维度信息视角。国内外的媒体、通讯社和技术公司早已开发相应的人工智能新闻采集工具并投入实践。代表性应用有 CNN、Twitter(现已改名为X)和Dataminr联合打造的新闻线索发掘工具Dataminr For News、NewsWhip开发的Spike dashboard工具，路透社研发的News Tracer等。类似的应用还有《华盛顿邮报》记者利用警察局在城市安装的音频感应器系统分析城市枪声，并刊发名为《枪声检测》的新闻报道。可以说离开传感器所提供的数据，以上的新闻报道几乎是无法实现的。

(二) 内容生产

在内容生产环节，机器写作、智能多媒体编辑、可视化新闻与虚拟主播等技术正在被广泛地应用。这些技术的广泛使用可以把新闻工作者从高重复性的工作中解放出来，使其更加专注于创意策划与深度报道环节。从人工智能技术的应用程度来看，当前参与内容生产较为普遍的就是机器写作(MGC)。国内外对自动化写作进行探索的媒体机构越来越多，所涉及的报道领域越发广泛，包括地震新闻、财经新闻、体育新闻、奥运会报道新闻、科技新闻等。新华社"媒体大脑"作为全国首个智能化媒体生产平台，已推出热点机器人、数据标引机器人、智能会话机器人、虚拟主播机器人等30多款机器人以及MAGIC(智能机器生产内容)、数据可视化新闻、视频新闻等自动内容生成工具，极大提升了内容生产自动化程度与效能。新闻内容生产在制作环节，除自动写作外，智能剪辑、智能标签、智能拆条、智能配乐、智能修复、智能画质增强、智能播报等智能化应用层出不穷，不仅提升了内容制作的自动化水平，还可为高质量生产提供便捷化智能工具。

(三) 内容审核

PGC、UGC模式使内容的数据量急剧增加，待审核内容指数增长，来源也更为复杂，海量内容要求更高的审核效率，智能审核能够大规模处理内容审核。近几年，各路媒体加快了开发、使用新闻核查算法的步伐，如美联社开发了内部验证工具，可帮助记者实时验证多媒体内容；央视网的24小时

"AI+人工"全媒体内容审核功能与涉政人物审核产品,借助超过 13 000 个国内敏感人物的样本库实现了对县级以上四套领导班子的人脸识别,能精准识别视频中出现的涉政、涉黄、涉爆、劣迹艺人、落马官员等敏感信息,现已达到 30 * 30 像素的信息捕捉。

(四) 内容分发

《全球新闻业人工智能应用调查报告》显示,近一半受访者所在的媒体机构已经开始使用人工智能进行新闻采集,三分之二的受访者已在使用人工智能进行新闻生产,超过一半的受访者已使用人工智能进行新闻分发。在分发环节,主流媒体可采用融入主流价值观的智能媒体算法对用户信息、行为、兴趣、位置、场景等数据进行分析与标签化,满足用户个性化的信息需求。当前,新闻推荐算法已被《纽约时报》《卫报》和《华盛顿邮报》等新闻媒体以及"谷歌新闻""Nuzzel""Refind""今日头条"和"一点资讯"等新闻聚合类平台使用。人工智能语音技术和个性化新闻推荐的结合渐成趋势,由此催生了新闻机器人/聊天机器人/对话机器人之类的应用,如 BBC、澳大利亚广播公司、《人民日报》和《光明日报》等,都已经将人工智能语音工具运用于新闻的个性化推送。

二、理论基础

近年来,国内外学界和业界不断关注人工智能发展问题,尽管人工智能属于新兴领域,尚未形成统一完善的标准体系,但是学界和业界依然产生了丰富的研究报告。这些研究报告对于本研究理清思路提供了重要理论参考。2016—2018 年,乌镇智库连续 3 年发布《全球人工智能发展报告》,从产业、技术和应用场景 3 个维度选取论文、专利、人才、投融资等多个指标对全球范围的人工智能数据进行汇总。从 2017 年起,斯坦福大学连续 3 年发布人工智能年度指数报告，选取17个指标衡量全球范围内人工智能的活动规模和技术性能，覆盖研究、产业、开源软件及公共兴趣等多个领域。2019年，国家工业信息安全发展研究中心发布《中国人工智能产业发展指数》，从基础支撑、创新能力、融合应用、产业运行、环境保障5个维度对人工智能产业发展情况进行综合评估。2020年7月，国家标准化管理委员会、中央网信办、国家发展改革委、科技部、工业和信息化部五部门联合印发《国家新一代人工智能标准体系建设指南》，提出到2021年，明确人工智能标准化顶层设计，到2023年，初步建立人工智能标准体系。

第四节　指标体系的构建

一、智媒体评价指标体系

综合评价智媒体水平，不仅要明确该媒体在人工智能领域具备的基础，还要考虑已有人工智能相关媒体产品的水平。目前尚未有关于智媒体的评价指标体系的系统研究，因此本章借鉴业界人工智能报告以及学界相关智能媒体研究，构建出包含智媒体技术支撑能力、智媒体技术应用能力两个一级指标和智媒体人才支持、智媒体科研成果、智媒体底层技术支持、信息采集、内容生产、内容审核、信息分发7个二级指标的评价体系，如表2-1所示。

表 2-1　智媒体评价指标体系

一级指标	二级指标	三级指标	指标操作
智媒体技术支撑能力	智媒体人才支持	从事智媒体相关研究人员的数量	客观评价:评价媒体机构统计时间内从事智媒体研究的研究人员数量
	智媒体科研成果	论文产出数量	客观评价:评价媒体机构统计时间内智媒体相关论文发表的数量
		专利申请数量	客观评价:评价媒体机构统计时间内智媒体专利或者著作权的批准数量
	智媒体底层技术支持	数据基础	主观评价:由专业团队评估智媒体平台具备的数据基础能力
		算法基础	主观评价:由专业团队评估智媒体平台算法水平。重点评估人工智能算法平台的算法核心框架、深度学习工具组建、AI服务平台等能力
		算力基础	主观评价:由专业团队评估智能平台算力基础水平。重点评估范围包含对技术平台的计算、存储等板块的评估
智媒体技术应用能力	信息采集	时间维度	主观评价:由专业团队评估信息采集的效率
		空间维度	主观评价:由专业团队对信息采集的范围进行打分
	内容生产	生产效率	主观评价:由专业团队评估智媒体模块内容生产的效率
		生产质量	主观评价:从传播效果的角度衡量智媒体相关产品的质量
	内容审核	准确率	客观评价:评价信息审核的总体准确率
		效率	客观评价:评价单位时间内审核信息的数量
	信息分发	准确率	主观评价:由专业团队评估人工智能分发内容和用户个人需求的契合度
		主流价值引导	主观评价:由专业团队评估推荐算法中是否体现了主流价值引导

二、二级指标阐释

（一）智媒体人才支持

智媒体领域人才是智能发展的核心,本书选取智媒体人才的数量作为客观指标进行评估。

(二) 智媒体科研成果

论文、专利、著作权是智媒体基础研究产出最直接的体现。本书选取了相关的科研成果数量作为评价指标。

(三) 智媒体底层技术支持

从技术角度来看，智媒体的三驾马车分别是数据、算法和算力。在数据方面，是否将数据统一存储、拥有足够优秀的数据集是技术成功的关键；在算法方面，尽管深度学习的核心框架相对固定，但是往往需要结合具体的应用场景，不断优化算法的效能；在算力方面，算力很大程度上决定了智媒体技术创新的上线，如果没有足够的算力支持，很多通用大模型就无法完成训练。

(四) 信息采集

人工智能技术的落地应用，最终还是要和应用场景结合起来，信息采集是人工智能技术在媒体落地的第一个场景。从时间维度上看，信息采集提升了内容搜集的效率；此外传感器技术的应用，不断打破信息采集的边界。因此，本指标体系将从采集效率和采集范围方面进行评估。

(五) 内容生产

从内容生产效率来看，人工智能技术从数据库中提取所需信息，分秒之内就可以完成一篇稿件，这是传统新闻生产方式无法与之比拟的，为新闻生产开辟了工业化和智能化的新道路。此外，数字新闻、虚拟主播等技术的应用，也使内容在呈现形式上更加多元化。基于此，本书从内容生产效率以及相关内容的传播效果方面来评估智能内容生产能力。

(六) 内容审核

当前主流媒体在审核策略方面，大多数采用人机并用的方式，通过人工智能技术进行第一轮的审核,确保审核的效率。此外,为了保证审核的质量,常常辅以第二轮的人工审核。人工智能审核如果在速度和质量上有保证,将大大减少人力成本。基于此,本指标主要从内容审核的速度和准确率两个角度进行评估。

(七)信息分发

以人工智能技术为基础的信息分发以用户需求为导向,满足了受众的个性化需求。受众的地位从被动变为主动,"受众本位"在传播过程中得以回归。然而,对于主流媒体而言,分发的信息要满足用户需求是远远不够的。算法本身具有机械性,仅仅通过关键词匹配用户需求,无法对内容进行价值判断,更无法对新闻可能产生的社会影响作出正确的判断。基于此,本书对信息分发指标的考量涵盖了两个维度:信息分发准确率以及主流价值引导。

当前,媒体融合发展进入深水区,主流媒体想要抢占舆论制高点,必然要利用好以5G、人工智能、大数据为代表的新兴技术来引领媒体融合发展,加强新技术在新闻传播领域的前瞻性应用。本书基于对智媒体的实践应用以及人工智能评价的现有基础,构建了初步的智媒体评价体系。透视智媒化建设水平的指数标准有助于主流媒体在向智媒化转型过程中对自身媒体融合建设水平进行科学评价并不断修正,从而为有效提升主流媒体影响力奠定基础。

此外,本书仅是梳理和搭建了智媒体评价体系的理论基础,但在评价体系的落地执行过程中仍然有大量基础工作需要推进,包括成立专业的专家团队,通过对专家学者进行访谈,确定各指标权重;成立专业的评估小组,对各指标进行采集,并对数据进行标准化处理;等等。随着智媒体的不断发展迭代,本书研究团队也将持续跟进并对评价体系进行动态调整,从而更加适配未来的发展需求。

第三章　商业媒体智媒化创新

第一节　百度：全面打造智能媒体解决方案

一、案例研究背景

在智能化浪潮席卷全球的今天，智能化时代新内容革命已经开始，而这场革命最核心的驱动力量是智能技术。百度依托于多年的技术积累和产业实践已经形成了全面的智能布局，从基础的算力和数据技术、深度学习算法及框架，到语音、视觉、自然语言处理等感知、认知技术，以及飞桨深度学习开源开放平台，等等，百度具备"云智一体"的独特优势。

基于百度的技术优势和其对产业发展的洞察，经过跟合作伙伴的共同成长与产业实践，百度智能云致力于"以云计算为基础"的企业数字化转型，以"人工智能为引擎"加速内容产业智能化升级，以智能化驱动内容生产升级，以算法为核心驱动内容分发升级，以个性化和社交化智能推荐驱动内容消费升级。

二、智能化发展主要举措

在以互联互动为主要特性的新媒体格局下,传统的一对多的单向媒体传播方式已经转变为万物皆媒介,形成互联互动的万物皆媒生态。随着大众传媒的方式的转变和政策的驱动,传统媒体向融合、智慧、移动、高清化转型,正在向自主可控、互动、智能型媒体发展。

百度智能云通过跟央媒、省市广电等媒体机构以及头部学校合作,探索产学研结合,提升媒体影响力,打造新型主流媒体、融媒体的大发展格局,实现媒体产业的可持续发展。

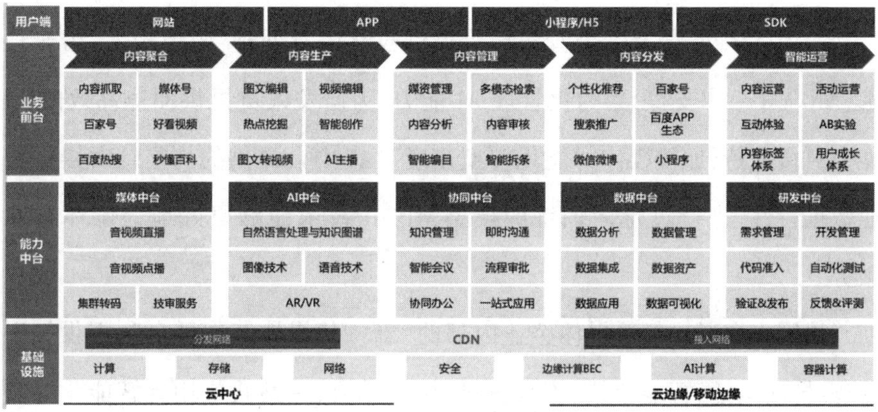

图 3-1 百度智能云:全流程、全场景智能媒体业务系统架构

智能媒体解决方案可为媒体机构提供包括基础设施建设、能力中台、业务前台、用户端服务在内的完整能力支持,实现从内容生产到消费的全闭环技术体系,推动媒体与服务模式升级,为媒体创新与探索更多元化、交互性更强的商业机会提供技术支持,打造全新的产业生态圈。

三、百度智能云能力中台

百度智能云能力中台包括媒体中台、AI 中台、协同中台、数据中台和研发中台五个部分。

媒体中台是面向视频业务场景提供百度 AI 技术的直播、点播、转码、技审服务。以转码为例,为帮助视频生产者在低成本与视频极致体验间取得最优解,百度智能云提出了 BD265 智能编码方案。BD265 智能编码技术利用深度学习网络提取视频特征,生成自适应编码参数,降低码率的同时提升视频的主观体验。目前,这套智能编解码技术已经广泛应用到点播/直播等视频应用场景中,得到了用户的高度认可。

AI 中台则能够为各个业务场景提供自然语言处理、图像技术、语音技术、AR/VR 技术支撑,集约化管理 AI 能力,为研发人员提供便捷高效的 AI 能力对接支持,加快媒体智能化转型速度。AI 中台提供的均是针对媒体行业数据特性、进行过定向训练的模型,让 AI 技术能够更好地为媒体行业服务。

协同中台通过打造媒体企业内部的"新一代媒体工作平台",提供知识管理、即时沟通、智能会议、流程审批、协调办公、一站式应用等智能化办公手段,推动以工作任务为中心的跨部门协同工作,促使传统的媒体工作流程和效率进一步被优化,实现媒体行业工作方式上的"智能化转型"。

数据中台是针对目前媒体融合创新面临的"数据缺乏治理和应用""多渠道客群运营复杂""内容和运营深度融合困难"等多重挑战提供服务,包括数据分析、数据管理、数据集成、数据资产、数据应用、数据可视化等多个应用模块,帮助媒体行业解决数据资产建设的问题,让媒体基于数据实现精准化运营与推荐业务。

研发中台是百度智能云为了帮助媒体的研发人员更好地适应智能化背景下的开发工作而提出的建设计划,通过标准化的需求管理、开发、测试、上线流程管理,让传统媒体的智能化转型之路更顺畅。

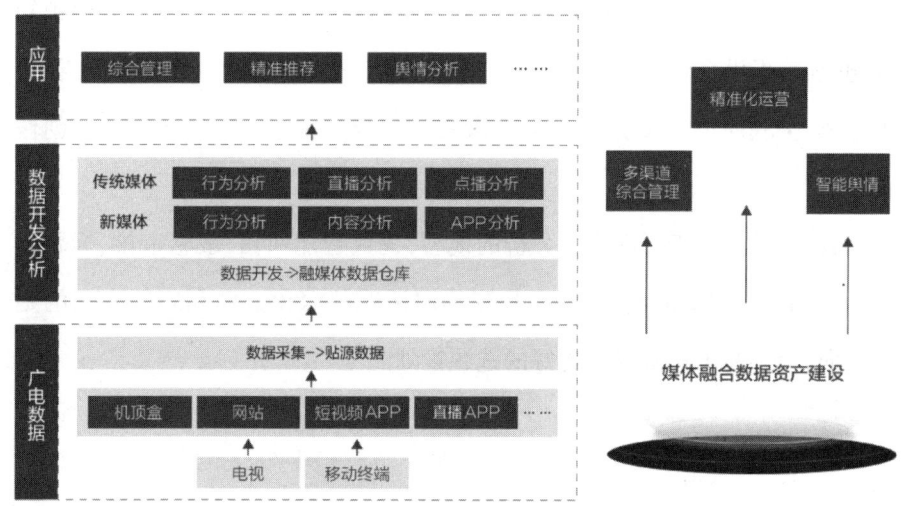

图 3-2　百度智能云在某省级广电落地的数据中台

四、百度 AI 技术在新媒体中的应用

(一)内容生产

在"万物皆媒"的新时代,一条新闻从诞生到散播都有大量用户参与,这种形式带来了内容生产的新形势和新效率。但是支离破碎的信息反而难以呈现事实的全貌,公共舆论场中重情绪、轻事实的"后真相"的缺点在新媒体时代暴露无遗,无数情绪涟漪在遇到合适的频率时会发生共振,甚至会形成诸多反转新闻。

AI 技术在内容生产上虽然无法完全替代人的经验,但是它可以对人的经验进行补充与校正,在较大程度上改变生产模式和生产系统。在内容生产上,百度智能云做了更多全新的尝试。

1.基于大数据的选题策划

首先,基于百度搜索引擎和智能化数据分析技术,百度智能云能够预知话题热度,提供全网14个行业分类、全国省市县三级地域的数据服务,在热度趋势、关联词汇等多方面为创作者提供思路和素材,能够有效提升创作效率。

其次,提供基于深度语义分析的模型,提供智能纠错、敏感审核、标题推荐、文章摘要、文章标签等功能,找到热门话题的深化方向和新闻发展的延伸方向,为媒体工作者提供更好的选题策划。

图3-3 百度热点能力示例图

2.热点事件写作

百度AI技术可以根据输入的热点事件名称,输出相关领域的热点事件聚合文章。涉及领域有:国际、国内、军事、财经、科技、房产、娱乐、教育、社会、旅游、体育、汽车、游戏。

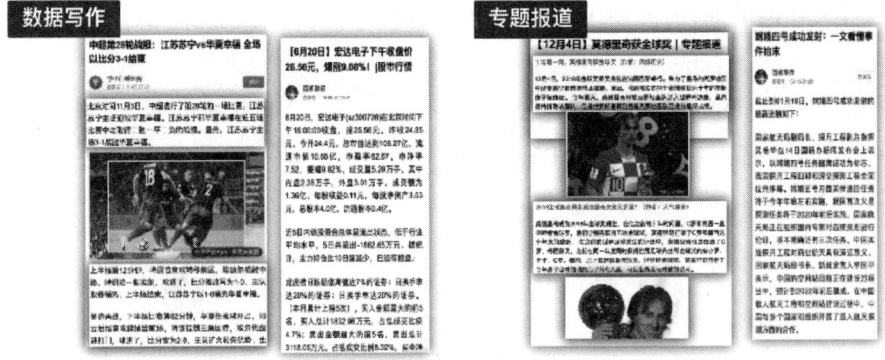

图 3-4　百度智能数据写作和专题报道示例图

3. 热点事件分析

百度 AI 技术提供热点事件聚合与分析的能力。通过热点发现、热词关联分析等多个接口能力组合,实现对全网热点的高效获取和有效分析。

热点发现:分析当前热点事件、话题热度,提供 24 小时内 13 个领域的热点信息。可通过选择行业领域,输出该领域 24 小时内带有摘要内容的热点事件。热点领域分类如下:国际、国内、军事、财经、科技、房产、娱乐、教育、社会、旅游、体育、汽车、游戏。

图 3-5　百度实时热点示例图

热词热度趋势 & 热词关联分析:热词热度趋势可根据输入的相关事件,分析该事件在一段时间内的热度趋势值;热词关联分析可根据输入的热词,进行关联词汇推荐,为创作者提供创作灵感。

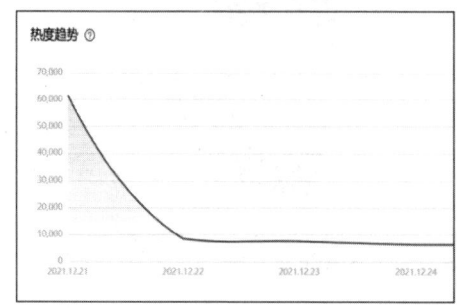
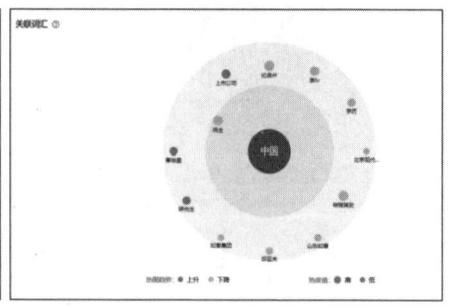

图3-6 百度热词热度趋势和关联词汇分析示例图

事件脉络:对热点事件自动追溯事件脉络,可根据时间线对热点事件的来龙去脉进行全面了解,实现对热点事件的全方位追踪。

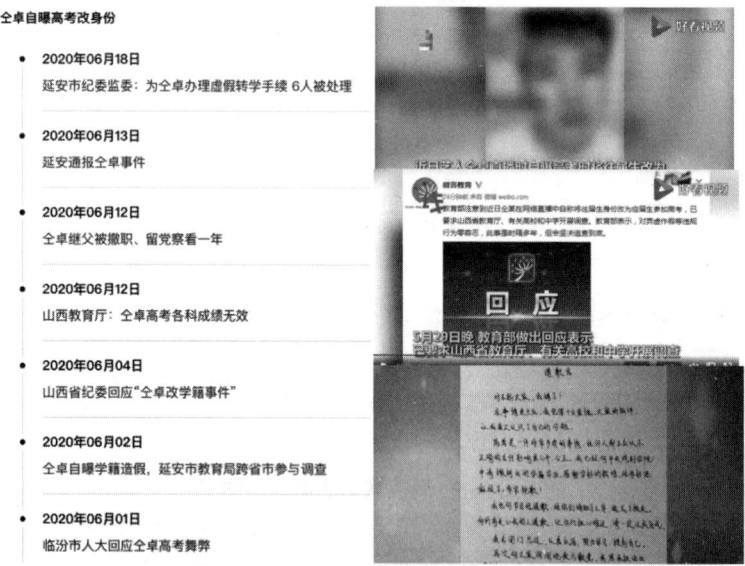

图3-7 百度智能时间脉络示例图

4.关键词监测

关键词监测通过用户自定义关键词,对主流新闻单位、互联网门户网站等进行全方位监控;可基于全网资讯对数据进行智能分析和深度挖掘,并支持自定义关键词 24 小时新闻监测、分钟级舆情预警,形成专业事件分析报告。

图 3-8　百度用户关键字检索热度监测示例图

5.智能视频创作

智能视频生产服务依托百度强大的编解码、渲染合成和多模态创作能力,提供智能化、一体化的视频生产工具集,并实现资源库的统一管理和高效协同,助力广电媒体、企业营销、在线教育等行业高效率产出高质量短视频内容。

6.图文生成视频

图文生成视频基于百度领先的多模态技术的视频生成功能,用户仅需一键导入图文链接或上传文档,AI 算法模型即可基于图文内容自动进行故事线生成,并自动实现配音、生成字幕、生成画面,产出完整视频。

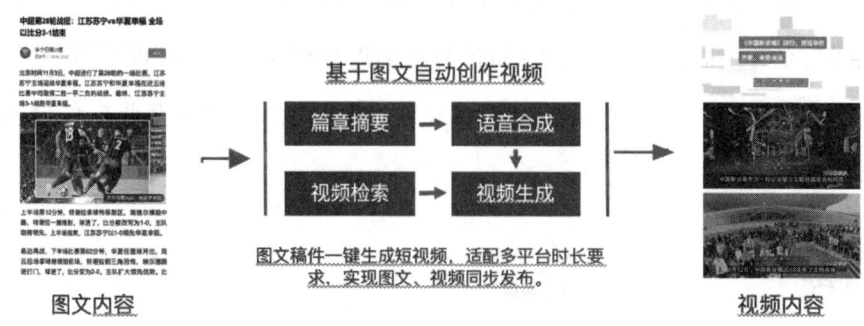

图3-9　图文生成视频示例图

7.智能图表动画

智能图表动画基于变化的数字进行原创视频生成,让静态数据视频可视化。用户直接输入数据,即可快速生成动态的图表动画视频,满足数据化和视频化的叙事需求。目前图表支持30多种模版,包括单折线图、多折线图、单柱状图、多柱状图、柱状排序图、柱状折线图、动态排名图、动态折线排序、矩形树状图、饼图、南丁格尔玫瑰图、环形饼图、时间轴饼图、堆叠图等。

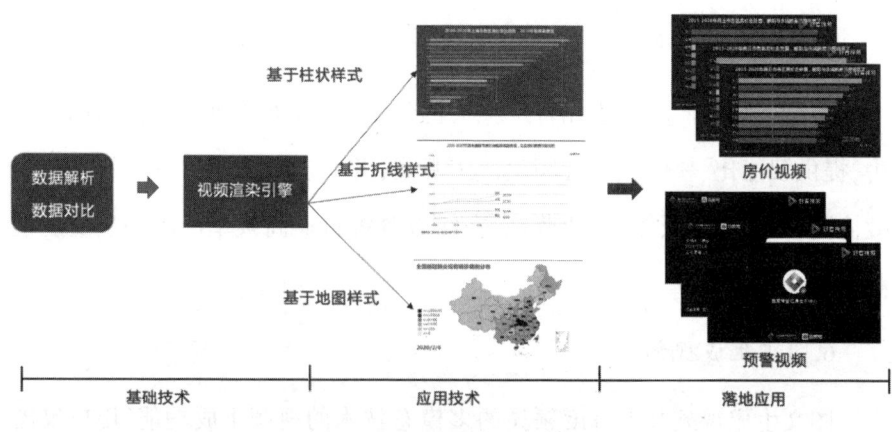

图3-10　图表动画示例图

8.智能在线快编

智能在线快编工具完全基于 web 浏览器的在线视频编辑工具，素材资源与合成视频均可在线访问，无须安装任何插件，并支持实时流畅预览，真正做到所见即所得。BS 快编工具可根据轨道定点，进行视频的逐帧剪辑，且支持视频的静帧剪辑，精确打点，剪切合成。媒体轨、音频轨、字幕轨等各类型轨道都支持增加 8 个轨道。AI 智能快编支持各类滤镜、动态效果、标题字幕、去 Logo 等操作，能满足编辑人员专业的短视频剪辑工作。同时快编支持 720P 甚至 1080P 超清的视频合成。

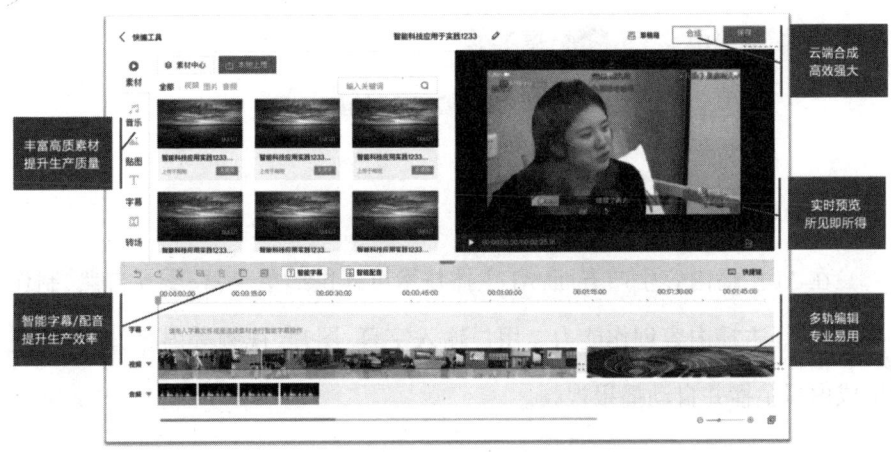

图 3-11　智能在线快编示例图

9.文本智能配音

文本智能配音提供快速的文本转语音服务，而且语速、音调可调节；支持多种参数配置，可根据场景需求对发音人的语速、音调、音量进行灵活设置，满足个性化需求。百度提供了基础音库和精品音库共 10 种特色音库供用户选择，适用于泛阅读、订单播报、智能硬件等应用场景。同时，中文多音字可通过标注拼音、音调自行定义发音，如"轻舟已过万重(chong2)山""脑筋急转(zhuan3)弯"。此外,智能配音还提供多种调用方式,满足多场景需求,如提供 REST API 在线接口、在线合成 SDK、离线合成 SDK,满足不同网络环境下的语音合成需求,提供流畅自然的合成体验。

图 3-12　智能配音可选类型示例图

10. AI 主播内容生产

在 AI 主播内容生产方面,AI 主播技术可提供形象丰富、交互自然、制作高效的 AI 主播内容创作能力。用户输入字幕、图片、视频等内容,即可快速生成虚拟主播并自动播报视频。

图 3-13　百度智能云数字人 AI 主播及应用场景

图 3-14　百度智能云 AI 手语主播

(二) 媒资内容智能分析

在媒资内容分析上,百度智能云能够在对视频语音、文字、公众人物、物体、场景等多个维度进行识别后,通过交叉比对、自然语言处理等技术处理,为用户提供音视频内容多维分析能力,主要涉及场景分类、图像分类、公众人物识别、公共商品 Logo 识别、关键词提取等分析场景,能够提高视频内容分析的效率,缩减平台的人力成本。

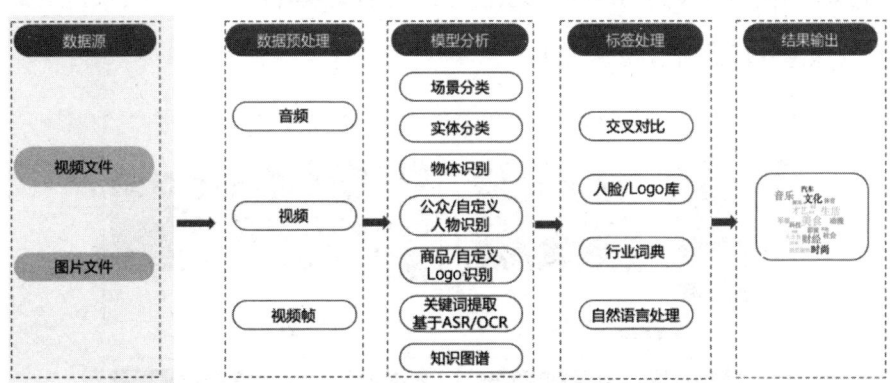

图 3-15　结构化标签基本业务流程

应用场景—智能搜索系统:通过视频内容分析获取结构化标签,推送至视频检索系统,应用于媒资管理系统、网站/App内容检索系统、编目系统等,提升搜索的搜全率,并结合站点用户画像,向用户提供个性化推荐及相关性推荐等服务。

(三) 多模态媒资检索能力

百度多模态媒资检索能力,是百度云推出的将AI技术落地于媒体行业检索场景的产品。主要涉及以图片检索图片、以图片检索视频、以视频检索视频的场景,能够提高媒资检索的效率,缩减平台的人力成本。

1.应用场景:查重功能

针对指定视频,百度多模态媒资检索利用视频指纹技术,快速查询媒资库中相同的视频,防止不同用户上传相同视频,保护版权,同时避免资源库过度冗余。此外,查重功能可以在新闻入库发布前对历史媒资进行检索,避免一图多用,导致发布错误或虚假新闻。

2.应用场景:同源查找

针对输入的目标视频,快速查询包含该视频片段的同源长视频,或包含与其相同内容片段的同源视频集,能够及时响应监管部门的要求,快速下架包含敏感片段的所有视频文件。

图3-16 以图检索图片/视频的案例

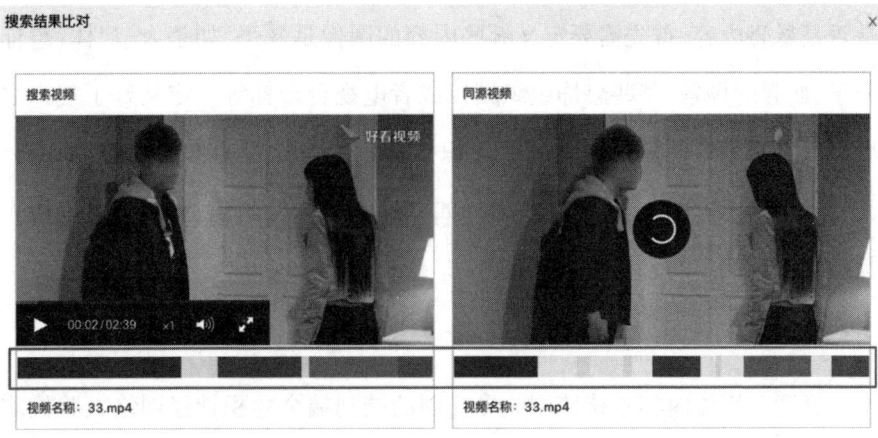

图 3-17 该视频检索案例,进度条颜色相同处即为检索结果对应的片段

(四)内容审核

百度云媒体内容审核 MCR 是百度云推出的智能审核产品,旨在赋能媒体及相关行业,助力产业升级。基于百度自研的视觉 AI 技术,通过机器学习结合深度学习,为用户提供音视频、图片、文本的内容审核能力,支持直播和点播两种送审方式,主要涉及政治、色情、暴恐、违禁、广告等审核场景,且其支持人工复审,支持对用户账号的权限管理和配额管理,能够提高音视频内容审核的效率,降低人工审核漏审风险,缩减平台的人力成本。

1.关键技术点:图像分类技术

图像分类技术运用最新的 SENet 图像分类架构。SENet 全称为 Squeeze-and-Excitation Networks,在这个结构中,Squeeze 和 Excitation 是两个非常关键的操作,所以网络以此来命名。该技术通过学习的方式来自动获取每个特征通道的重要程度,然后依照这个重要程度去提升有用的特征并抑制对当前任务用处不大的特征。

对于暴恐识别(色情识别同理),类似于通用的图像识别,AI 内容技术可以把暴恐图像按照图像内容是否相近划分为不同的类别。要识别一张图像是否是暴恐内容，首先需要定义哪些内容的图像是暴恐，如杀人、尸体、恐怖分子、血腥的场景、某些恐怖组织旗帜或者电视台台标等。定义好了规则之后可以用常见的计算机视觉的手段识别一张图像是否为暴恐内容，如用分类技术识别图像的主题，对于小目标如台标等进行检测识别，或者可以用人脸检测识别特定的恐怖分子。

2.关键技术点：人脸识别技术

百度云媒体内容审核使用业界首创的端到端全卷积神经网络人脸检测器，可以检测到不同姿态和光照下的最小 30 * 30 像素的人脸。基于百度的海量搜索数据和大规模的 GPU+CPU 计算集群，百度人脸识别技术迭代周期短，算法模型功能更为完善和稳定。2015 年，人脸检测在国际公认的评测集 FDDB 上取得世界第一，同时人脸识别在国际公认的评测集 LFW 上取得世界第一。

除了歌手、艺术家、政治人物等公众人物的人脸识别外，百度智能云基于人脸检测和特征聚类技术设计开发了陌生人脸聚类能力。在特征聚类算法方案中，由于人脸噪声的影响，所以算法会选择基于密度的 DBSCAN 聚类算法。

图 3-18　陌生人脸聚类整体方案

3.关键技术点：画面文字识别关键技术

近年来，百度在多个 OCR 技术能力上持续输出了多项原创技术，同时在学术界和产业界形成了品牌效应。在文字检测方面，基于主干、候选回归、候选区域及精细化二次回归的方案,百度 OCR 技术使得百度文字检测算法可对任意文字形状进行精确表示,并一举解决了任意形状长行文字检测的问题,在公开数据集合中达到了最佳(SOTA)检测定位效果。

4.关键技术点:语音识别关键技术

语音识别是指通过计算机把声音信号转换为对应的文本的过程,是实现人与机器交互的主要途径之一。近年来,随着深度学习技术在语音识别领域的广泛应用,语音识别的准确率得到了极大的提升。在大规模词汇量在线连续语音识别中,影响系统性能的关键因素是系统的识别精度。百度在 2017 年推出了 Deep Peak 2 语音建模技术,完成了世界领先的中文语音识别技术创新,利用汉语天然的音节单位进行声学建模,解决了大尺度单元建模中的过拟合问题,使得中英文混合建模、自然口语建模等核心技术难题取得重大突破。

(五)智能编目

受益于互联网和多媒体技术的普及与发展,尤其是短视频等新媒体的发展,在媒体生产场景下,存在大量的媒资需要进行高效管理。基于百度云智一体化的发展模式推出的智能媒资管理平台(Media Content Management)利用百度领先的语音、视觉、知识图谱等 AI 能力实现了视频、图片、音频和文档类媒资文件的智能化分析识别,提供了智能媒资内容编目、标签提取、多模态媒资检索等功能,为用户提供一个具有完整的入库、编目、打标、审核、检索和管理流程的智能媒资管理一体化平台,实现了对媒资的高效管理和再利用。

1.关键技术点:四级镜头切分

视频流数据中最小的数据单位是"镜头",所以视频切分的目的就是将视频分割成一个个视频镜头,而不是单一的帧。镜头里面包含的就只有当前场景的一个帧的序列。百度首先采用基于颜色直方图特征结合深度网络特征，计算两帧之间的特征相似度的方式来区分前后差异明显的镜头帧，再基于 K-means 聚类算法实现相似帧的聚类，从而对视频进行镜头切分，并通过图像识别和深度学习，最终提供节目层、片段层、场景层、镜头层的多维度分级能力。

2. 关键技术点：关键帧提取

在得到视频镜头之后，基于多种策略，智能编目技术会挑选质量最好的帧作为镜头的关键帧，关键帧可以应用在视频封面、多模态检索等业务场景中。首先，如何定义质量最好，其维度包括是否包含人脸、是否清晰度最高、是否美观度最高。使用百度首创的端到端全卷积神经网络人脸检测器，可以检测到不同姿态和光照下的最小 $30*30$ 像素的人脸。同时利用基于端到端多 patch 深度神经网络的度量学习技术，并使用海量的数据进行训练，可以达到比人类更精准的识别效果。对于图像质量，采用百度 AI 开放平台上的图像质量检测服务，可以进行图像美观度与清晰度识别，检测图像中的色彩、构图及是否存在模糊、失焦、噪点、锯齿、马赛克等情况，对图像进行多维度的质量判断，从而选取质量最佳的一张图作为关键帧。

3. 关键技术点：OCR 结构化内容识别

在智能编目中，除了对视频的四级切分外，更重要的是对各层级的信息描述。智能化视频编目过程是对视频的多方位信息抽取、编辑和再加工的过程，其中文本可以提供很多除了视频图像以外的辅助信息，如赛事比分、主持人姓名、新闻栏目标题等，这些信息都可以很好地辅助视频的编辑和再加工。

在使用文本结构化技术实现有效文本的智能抽取时有两个关键技术，OCR 文本定制化检测和 OCR 文本识别。为了应对不同场景的需求，OCR 结

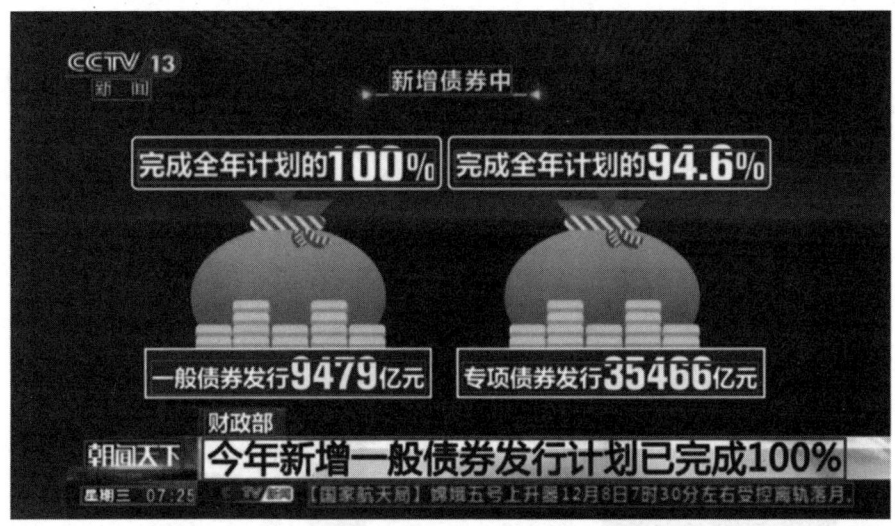

图 3-19 结构化 OCR 识别示例

构化希望将 OCR 提取到的信息进行分类,区分出标题、字幕、滚动字幕和广告等,根据综艺、体育、新闻栏目等视频的特色,使用图像目标检测技术,设计并定制化地检测出图像中的标题、字幕、滚动字幕、信息、广告、文档和背景文字等内容。

在获取每一帧的文本分类和文本信息后,从视频的时序信息出发,采用编辑距离计算相邻两帧的文本相似度,并将相似度小于一定阈值的文本分为同一类,从而对整个视频的文本进行时序结构化。

(六)协同办公

目前,在办公场景下,全行业都在朝着智能化移动办公平台发展,通过移动化办公平台连接企业内部、产业生态及最终消费者,市面上也出现了一些智能化办公应用。但是这些应用更多的是面向全行业的,没有考虑到媒体行业内容采集、生产、审核、传播的业务特性,基于此,百度智能云推出了基于百度如流企业智能工作平台的"智媒平台",期望为媒体行业打造更贴合传媒业务场景的"新一代媒体工作台"。

图 3-20 "智媒平台"产品页面

百度智媒平台以融合生产、内容运营业务流和协同办公信息流为主线，打造移动办公和传统 PC 办公为一体的智能媒体信息化服务。系统主要包括融媒采编、P/UGC 内容聚合与运营、即时消息、媒体知识管理模块，能够解决媒体从业人员跨端内容生产、多环节沟通协作、行业知识沉淀与检索等问题。

1.功能模块通讯流：员工极致体验提升沟通效率

在日常工作对接及重大活动期间，智媒平台为前方记者、后方编辑、主编等不同岗位工作人员，提供统一的办公平台，保证信息传达到位；在需要多人反馈消息时，确保消息传达到位；在多轮沟通时，便于对多条或大段内容进行反馈；需要与使用外语语种的同事、客户、伙伴沟通时，更加便捷。

2.功能模块工作流：统一入口、打通应用、数据汇集且反馈渠道统一

智媒平台打通并集成媒资内容库、采集工具、分发工具、内容生产工具、

数据统计工具,根据不同业务线特性,配置特定应用流、会议流、审批流,实现内容从生产、审批到分发的全链路提速。

图 3-21 "智媒平台"工作流案例

3.功能模块知识流:锐减组织协作时间成本的同时,固化协作过程中沉淀的知识

智能云盘:与内容生产工具对接,一键分享文件链接,更有加密、删除分享、有效期设置等功能,保证文件安全传播;帮助媒体行业沉淀视频、图文报道、音频等内容;通过知识图谱、内容理解等技术,实现内容的隐形关联,提升知识类资源的利用率,提升员工能力。

在线文档:多人同步或异步改同一份文档;还可进行信息搜集,如多个部门要在短时间内填写不同部分的信息,并汇总在一起。

五、案例介绍

(一)央视网:基于百度智能视频推出人工智能编辑部

媒体和 AI 的联手,将解决新闻生产过程中内容采集、创作、分发等难题,实现高效率的内容生产和视听传播智能化。这将有助于央视网打造具有更加鲜明特色的内容,进一步增强其传播力、引导力、影响力、公信力。

图 3-22 百度和央视网联合打造的人工智能编辑部

央视网作为中央广播电视总台主办的中央重点新闻网站,通过建设"人工智能编辑部",对总台独有的时政报道资源和优质视频资源进行智能化创新开发,并致力于为整个行业提供成功范例。

百度智能云拥有业内领先的"云+AI"能力。双方早在 2019 年 7 月就达成深度合作,拟共建人工智能媒体研发中心,联合打造媒体产业人工智能产品,并取得了诸多落地成果,部分 AI 工具已经投入使用并应用于报道创新。

此外,百度智能云还有"帮你找"功能,这套智能语音搜索方案,可以用多种类别的语音指令演示,支持央视直播和非直播电视节目的点播,由百度智能云团队和央视网共同打造。比如,有现场观众发出指令,"我要看昨天晚上的《新闻联播》",现场大屏上就会出现昨天晚上《新闻联播》的画面并开始播放,这凸显了 AI 精准查找点播视频的功能。观众还可以说出更具体的指令,"请给我定位到中国诗词大会董卿唱《在水一方》的片段",大屏就会出现视频,并从董卿唱《在水一方》的片段开始播放,这凸显了 AI 精准查找点播视频,并精准定位到用户想要的视频点的功能。

整个流程中的启动服务、录制语音、查找内容、打开内容、关闭视频等,全部语音交互,不需要任何人通过鼠标点击或者滑动屏幕等方式进行操作。

图 3-23　AI 帮你找功能界面

(二)"人民日报创作大脑"——人工智能媒体实验室

人工智能、云计算、5G 等新兴技术正在加快媒体行业智能化升级的步伐。"人民日报创作大脑"由人民日报智慧媒体研究院研发,由百度公司提供技术支持,将为媒体机构提供全媒体生态智能解决方案,助力智能编辑部建设。

1.智能策划

"人民日报创作大脑"可高效汇聚海量创作资源,通过关联分析实时发现热点,提供更精准的选题推荐。

2.智能采编

"人民日报创作大脑"可实现对媒体内容的全面理解,支持智能文章、智能视频生产,包括新闻快讯生成、专题报道聚合、视频新闻自动生成等功能。从通稿式的"标准"内容,一键转化为快讯、短视频等多样化形态,分发至不同平台、不同受众,用低成本创作高品质媒体内容,能够大幅提升媒体创作力。

3.智能审校

"人民日报创作大脑"支持采编素材、视频文字、图书稿件等场景的多维度审校,每十万字内容的审校以传统人力方式需要3.3天,机器算法仅需秒级即可完成,AI可全方位保障内容质量。

图3-24 "人民日报创作大脑"界面示例图

第二节 中科闻歌：
多模态内容智能理解技术及其应用

一、背景

在移动互联网、大数据的时代背景下，各行业的文本、图片、音视频数据呈爆发式增长。作为日益丰富的信息承载媒介，人工智能对于多模态数据内容的深度语义理解是诸多智能应用的基础，具有重要的研究意义和实际应用价值。传统基于感知的图像内容分析缺乏语义化理解能力，而充分利用知识图谱的语义化知识并结合多模态学习和知识推理技术，有望实现更深入的视频语义理解。知识增强的视频语义理解任务，期望融合知识、NLP、视觉、语音等相关技术和多模态信息，为多模态数据生成刻画主旨信息的语义标签，从而实现多模态数据的语义理解。

多模态内容语义理解技术以互联网文本、图片、音频、视频等多模态数据为输入，在感知内容分析的基础上，通过融合多模态信息，并结合知识图谱计算与推理，为视频生成多知识维度的语义标签，进而更好地理解多模态数据的语义信息。

二、核心技术模型

(一) 多模态内容语义理解技术

语义理解技术基于多模态内容语义理解技术模型构建一种基于多模态信

息融合的语义理解模型,为多模态数据生成多知识维度的语义标签。该系统包括两个子模型:多模态分类标签模型(VCT)和多模态语义标签模型(VST),二者分别为视频生成分类标签和语义标签。其总体框架如图3-25所示。

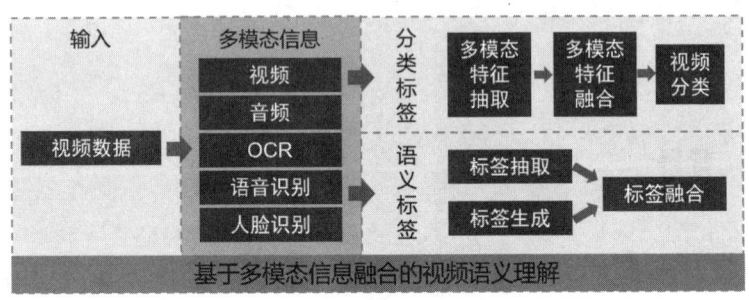

图3-25 视频语义理解模型框架图

视频语义理解技术针对分类标签子任务,采用一种多模态分类标签模型。该模型首先获取包括文本特征、时序特征和音频特征在内的多模态特征,通过特征融合,用于多模态分类。对于语义标签子任务,视频语义理解技术采用抽取式和生成式相结合的方法获取多模态语义标签。语义理解技术以多模态感知内容为输入,抽取方法使用序列标注模型抽取文本标签;生成方法则利用生成模型获取语义标签。为提高标签精度,语义理解技术采用多维度标签加权融合获得最终语义标签。

1.多模态分类标签模型(VCT)

多模态分类标签被用来预测topic的类别,由于一级、二级类别合并后并不多,因此多模态分类标签模型采用组合的方式进行文本分类。整体模型思路为一个两阶段框架,如图3-26所示,第一阶段是多模态特征编码,第二阶段包括多模态特征融合和分类器。

VCT模型主要使用三种模态的特征,特征格式和抽取方法有三种:①文本特征抽取;②音频特征抽取;③视觉特征抽取。

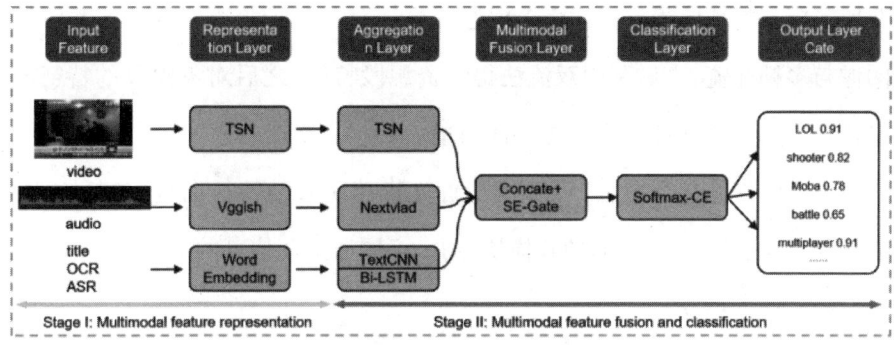

图 3-26　多模态分类标签框架

文本抽取的核心是对语言基本单元进行表示,然后用神经网络学习语言模型提取文本特征,最后用神经网络的某个输出向量作为文本表示。其中单词表示最开始使用独热表示(One-Hot),每个词的表示为词典中的该词的索引(index),然而这种表示太耗费空间,并且存在不能建模词之间的语义相似性、数据稀疏等问题。于是后续一般将 Mikolov 等用神经网络模型得到的向量作为词向量。提取文本特征的神经网络主要包括简单的前馈神经网络,以及擅长序列建模的循环神经网络(RNN)。

声音是模拟信号,模拟信号系统一般将采集到的语音信号进行数字化,获得数字信号序列,然后利用内含生理学、语音学相关的先验知识对离散的数字信号序列进行声学特征向量的提取。当前的声音信号的处理技术主要有傅里叶变换、线性预测以及倒谱分析等。

多模态音频处理通过 ffmpeg 工具提取音频文件,将音频文件转换为 Mel 频谱,然后输入 Vggish 模型得到音频帧特征,后使用 Nextvlad 模型进行音频特征的帧聚合,最终得到音频特征向量。

视觉特征抽取采用堆叠的卷积和池化操作提取图片的特征,采用现有的图片分类或目标检测模型的某层输出作为图片模态的表示使用。TSN(temporal segment network,时序分段网络)是一种图片处理技术,其原理在于获取多模态特征向量。TSN将多模态资源分为多个小段，每段均匀采集一帧图像与多帧光流，之后利用双流法得到资源段特征，之后对不同段的特征向量进行平均融合处理得到资源特征向量。

对于多模态特征融合，VCT模型首先拼接所有的特征向量，包括文本、音频和视觉，然后是SE-GATE模块，用于不同通道间信息的融合。

2.多模态语义标签模型(VST)

通过数据分析得知，语义标签可能出现在文本中，或者不在文本中出现，如在文本"教学糖醋鱼的做法"中，"糖醋鱼"标签在文本中而"糖醋鱼 \1 制作""中国菜"标签则不在文本中。

VST模型针对两类语义标签，归类为以下任务：①原文中出现的标签作为实体识别任务；②原文中未出现的标签，表现为"实体 \1 侧面"和"实体类别"的，均作为标签生成任务。

两类任务的输出标签合并后作为多模态资源语义标签的最终输出。模型整体思路如图3-27所示：

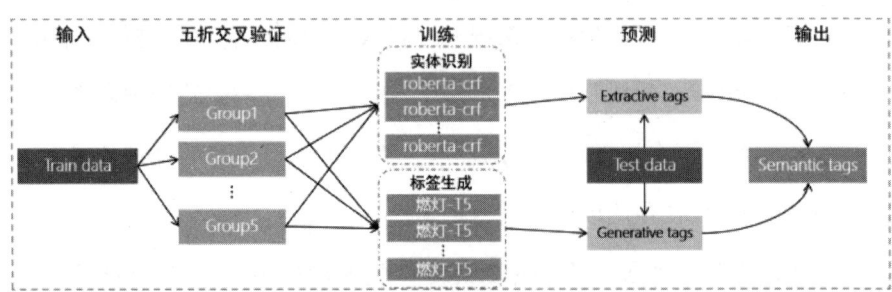

图3-27 多模态语义标签框架

实体识别：语义标签出现在原文中。例如，原文=教学糖醋鱼的做法，tag=糖醋鱼。这类标签直接执行实体识别输出，如图3-28所示，输入文本序列，输出实体识别结果。本书以RoBerta+CRF模型为实体识别模型。

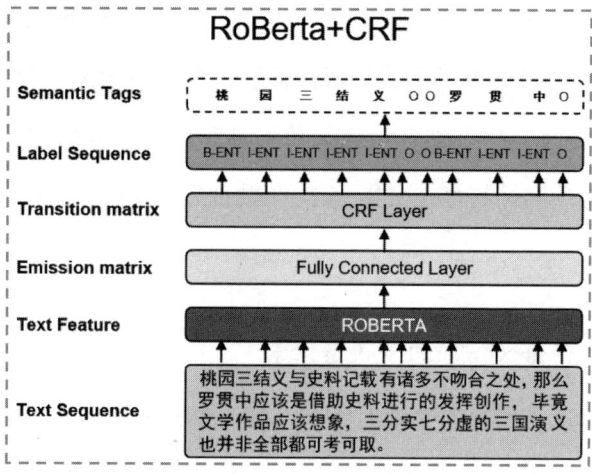

图 3-28 实体识别模型

标签生成：语义标签未出现在原文中，但能反映实体的类别和 topic。例如，原文=教学糖醋鱼的做法，tag=中国菜。此外，\1 作为分隔符从侧面描述实体。例如，原文=教学糖醋鱼的做法，tag=糖醋鱼 \1 制作。由于实体类别不能对应到具体实体，且模型不能预测得到 \1 分隔符，因此采用标签生成的方式统一处理，具体标签生成过程如图 3-29 所示。本书采用燃灯模型作为标签生成模型，燃灯模型以多语言 T5 模型为基础，在 180G 中文通用预训练语料库上训练得到。

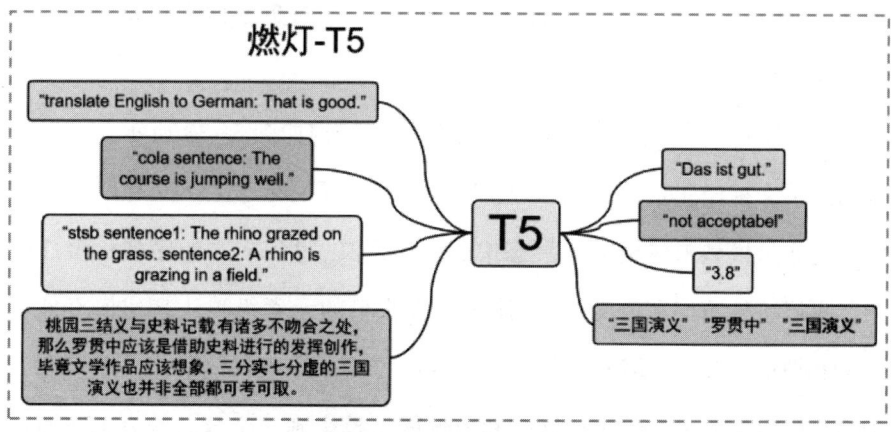

图 3-29 标签生成模型

标签融合:对于实体识别和标签生成的子任务,VST 模型均采用五折交叉验证,采用的各个单模训练完成后,通过投票选出预测标签,通过执行空标签过滤、标签改写后处理来过滤无效标签和得到实体侧面描述标签。由于两个通道的预测标签存在交集,因此在融合过程中需要执行去重处理。

(二)多模态检索技术

1.基于事件语义增强的多模态检索

基于事件语义增强的多模态检索以事件驱动的跨模态检索方法来解决多模态数据检索中的编码缺陷。通过设计上下文神经张量模型来捕获文本中动作和实体的语义交互,从而增强了跨模态检索中的事件语义表示并使之适用于社交媒体文本形式。

基于事件语义增强的多模态检索利用文本中的大量实体及实体关系来帮助学习文本表示和提高跨模态检索的准确性,完成基于合理利用文本语义结构的检索模型。典型的事件通常是由<主语,谓语,宾语>三元组组成的,将事件三元组嵌入一个稠密的表示空间,完成事件嵌入,给定事件序列,事件嵌入保留事件的语义关系,具有相似性的事件嵌入在表示空间中相互接近,反之拉远。同时考虑到多模态检索任务的全局语义匹配,在建模事件语义之后,将事件嵌入组合成最终的文本表示,通过近邻搜索和图像表示进行多模态检索。

一个事件嵌入和跨模态检索合并的模型架构如图 3-30 所示。该模型分为上下文神经张量网络(CNTN)和跨模态匹配网络。上下文神经张量网络通过张量模型来建模文本模态中的事件语义,得到文本的序列化事件嵌入。再以事件谓词和语义核心,使用三维张量的元素级乘法来建模事件中主语和谓语、宾语和谓语的语义交互,最终得到单个事件的嵌入。多模态匹配模型的目标是将文本事件嵌入和图像嵌入投影到一个公共的表示空间进行相似性对比,并保留文本和图像的语义结构,使得来自同一语义类别的图像和文本相互接近,反之拉远。在多模态语义学习上,学习模态内部的语义区分性和模态之间的语义不变性,以此来提高检索的性能。

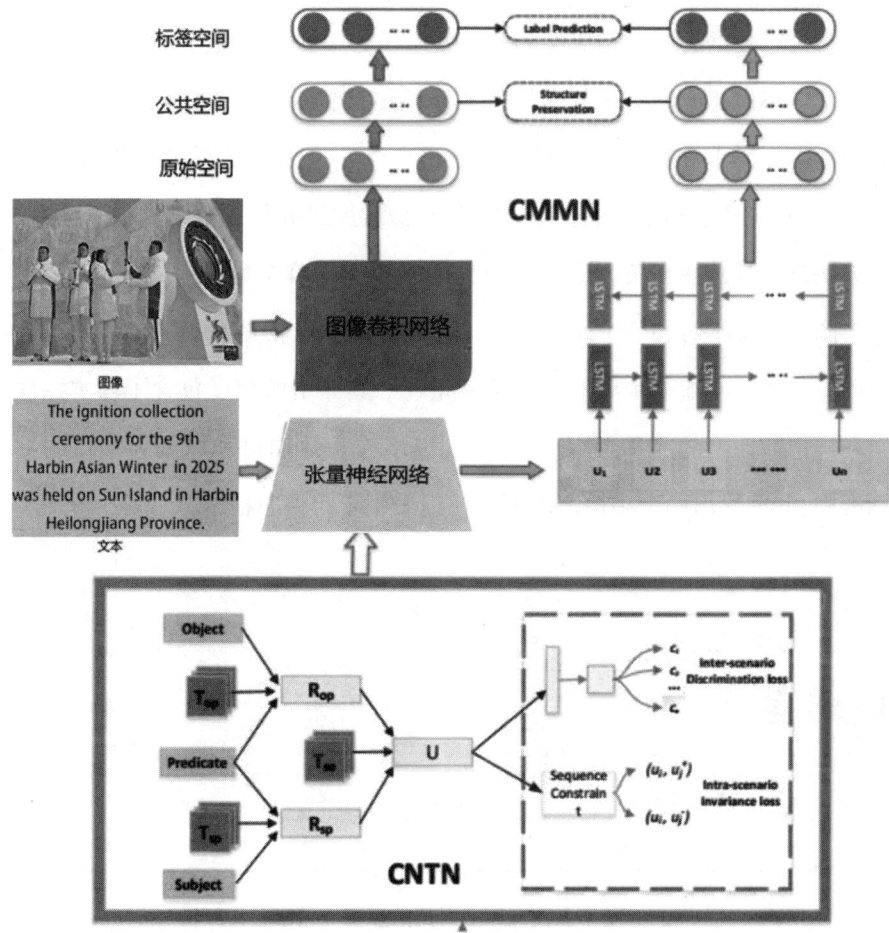

图3-30 事件驱动的多模态检索方法

2.基于多模态原型对比的多模态检索

基于多模态原型对比的多模态检索以多模态原型对比学习框架来提升优化算法中的信息利用率,提升多模态检索的准确率。多模态检索依托新的角度度量方法和原型对比损失,优化多模态采样策略,充分利用成对学习和成类学习方法的优势。

基于多模态原型对比的多模态检索针对检索任务中优化算法存在的信息利用不足的问题,统一纳入主流的样本—样本关系和样本—原型关系来学习多模态数据的语义相似性。

基于多模态原型对比的多模态检索整体架构如图3-31所示。将跨模态的样本—样本和样本—原型的关系整合到一个多模态的原型对比学习(MPCL)框架中,该框架包括采样策略、相似度度量和集成范式的损失函数。该方法是一种选择正负元组进行对比的多模态采样策略,其中每个元组由一个图像—文本对和一个原型组成。进行相似度比较是基于一个等效于超球面流形上的测地线距离的混合角度量——其导出的梯度包含了样本—样本和样本—原型的关系,融合两个分别以多模态数据对和原型为锚点的判别准则,并推导出两个多模态原型对比损失用于跨模态检索。

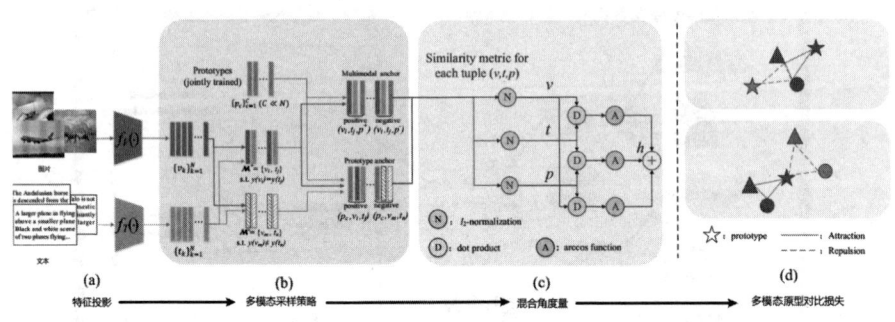

图3-31 基于多模态原型对比的多模态检索整体架构

(三)多模态情感分析技术

1.基于图像语义描述的多模态情感分析模型

基于图像语义描述的多模态情感分析模型,利用层次化语义注意力网络,通过自动获取图像文本语义描述来理解图像内容,并通过注意力机制聚焦图像描述和文本的关键情感内容。

文本	Big K to seal the win for the #BlueJays! #MLB	No words needed
图像		
图像描述	A baseball player swinging a bat at a ball	A woman in a bikini standing on a beach
	(a)	(b)

图 3-32 多模态推文及其图像描述

本层次化语义注意力网络由三部分组成：图像语义注意力循环网络、文本层次化注意力循环网络和情感分类层。在图像语义注意力循环网络中，采用预训练好的神经图像描述生成器，为每幅图像自动生成一句话文本描述，结合单层的循环神经网络建模图像描述文本的上下文信息，并引入自注意力机制关注图像描述中的关键描述词。在文本层次化注意力循环网络中，采用层次化的循环神经网络来捕捉单词级的和句子级的文本上下文，并通过层次化的自注意力机制使模型聚焦文本中与情感相关的关键词和关键句子信息。在情感分类层中，模型融合图像和文本的表征向量用于最后的多模态情感分类。

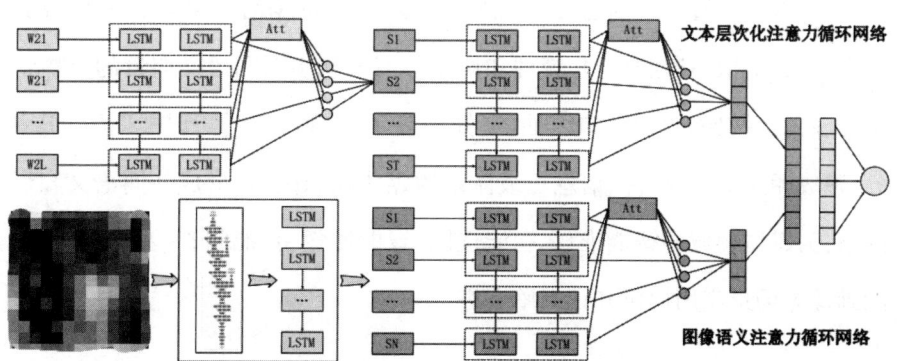

图 3-33 基于图像语义描述的多模态情感分析模型

2.基于图像语义特征的多模态情感分析模型

除了文本中包含的语义信息外,图像中也隐含着对情感分析有用的抽象化语义信息,如图像场景、实体等。图像中的实体信息与用户情感高度相关,如象征爱情的一束玫瑰可以带来积极情感。类似地,图像中的场景也可以帮助理解用户情感,如爆炸火灾现场可以带来消极情感。

基于图像语义特征的多模态情感分析模型利用多模态语义融合网络(MultiSentiNet),将图像—文本对形式多模态数据转化为场景、实体和文本特征三元组形式,并借助图像语义特征来增强文本表示用于情感分析。

进一步分析,多模态语义融合网络由三部分组成:图像语义特征抽取、文本特征抽取和情感分类层。图像语义特征抽取模块包括图像场景检测子集和图像实体检测子集。其中,图像场景检测子集采用预训练好的图像场景分类网络,图像实体检测子集采用预训练好的图像实体分类网络。文本特征抽取模块是一个由图像语义特征引导的文本注意力循环网络,通过采用循环神经网络 LSTM 模型来编码文本序列,并引入图像语义特征引导文本注意力机制以增强文本特征表示,使模型聚焦文本中与图像相关的情感关键字。

(四)泛媒体知识图谱技术

泛媒体知识图谱技术基于海量媒体多模态内容语料数据和媒体先导知识积累,借助人机共融的混合智能理论方法,运用数据治理和多模态 AI 计算技术,完成知识图谱的构建、管理和展示。引入基于图和语义向量的实体链接算法,实现媒体大数据知识抽取、知识表示、知识融合、知识推理、知识服务,建成涵盖信源、事件、信息三级体系的媒体知识图谱,形成新闻语义知识网络,为媒体领域的智能推荐、智能选题、智能搜索、智能问答、智能图析、智能画像等场景应用提供知识引擎支撑。

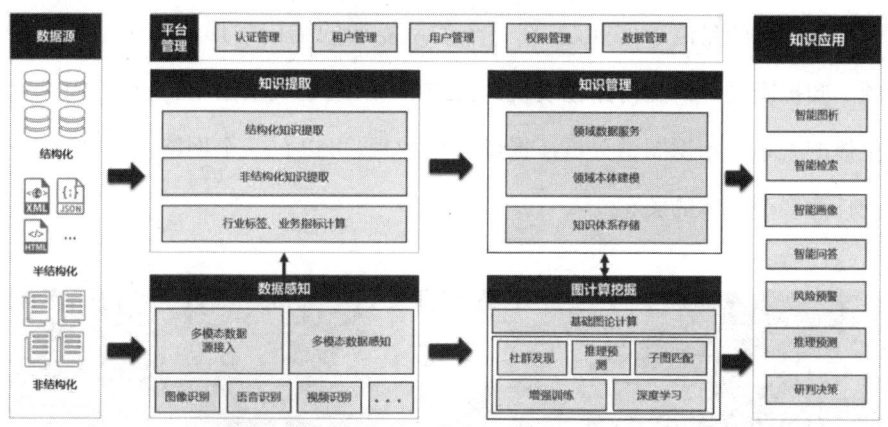

图 3-34 泛媒体知识图谱技术

1. 自动构建方法

泛媒体知识图谱技术采用多任务学习、特征网和多任务学习与特征网相结合的方法实现知识关系网络的自动构建。通过自动化和半自动化的方法从海量新闻内容信息中提取知识要素,实现实体抽取、语义类抽取、属性和属性值抽取、关系抽取。利用包括图神经网络在内的多种知识特征表示方法,解决来自不同数据源的知识重复、层次结构缺失等问题,进而完成知识的融合,实现实体对齐、知识加工、知识更新,形成高质量的知识库,并在已有的知识库基础上利用基于逻辑的推理与基于图的推理两种方法进行知识推理,进一步挖掘隐含的信息,持续丰富、扩展知识图谱,并最终以拖拽分组、多层钻取、筛选分析、高级计算、对比拆分、数据预警、图表联动等方式实现知识图谱的可视化与交互式应用。

2. 知识图谱分析

泛媒体知识图谱技术可实现知识图谱探索式分析,能够构建实体属性关系图谱,支持关联关系探索。这样可以实现时序图谱可视化,支持数据的业务筛选、着色及时间段控制。知识图谱分析可提供问答式关系发现，通过更易于理解的自然语言问题，在一个关系复杂的结构中形成一个网络关系图。知识图谱分析支持路径发现，可以在一个网络关系图中，查询任意两个主体的关系。知识图谱分析还提供关系发现，可以在一个网络关系图中，查询任意多个主体的关系。

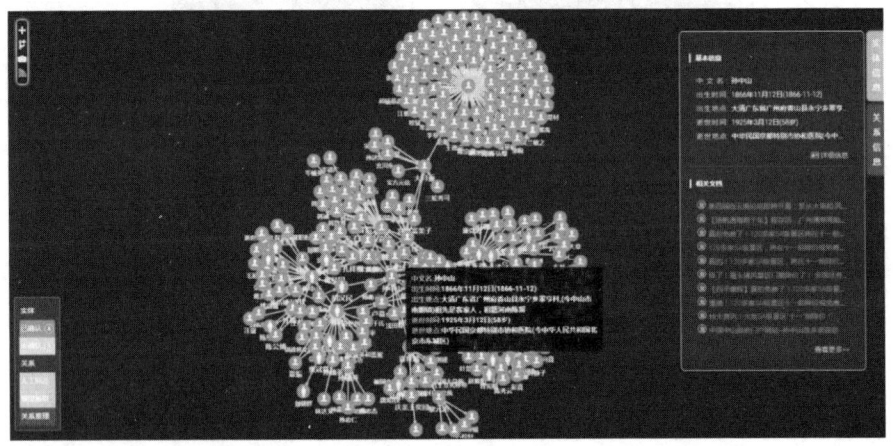

图3-35　知识图谱分析

3.媒体信源图谱

媒体信源图谱针对全球媒体、政府、企业、研所机构智库四大类信息主体，通过人机结合的混合智能技术，构建分层、分级、多维互联网信源知识图谱，覆盖全球网站、电子报、App、海内外社交媒体，实现亿级图谱节点和边的可持续性维护。从平台属性、地域分布、行业类别、内容形式、意识形态、权威等级、群体特征、个体标签、实体关系等各个维度对互联网信源进行分类、标识、关联、存储。媒体信源图谱可实现对各类信息主体在互联网空间虚拟身份的统一识别并建立关系，对主流媒体进行中央级、省级、地市级、区县级四级信度标引；对个体社交账号信源创建人物脸谱图谱；对网站信源按媒体、栏目进行两级打标；对商业类信源实现按领域进行分类；创建信源知识标签库，提供信源图谱维护工具。

	1-媒体	2-个人	3-党政	4-企业	5-研所智库
A级	◆A101全球48家主流媒体 ◆A102中央18家媒体 ◆A103境外反华媒体 ◆A104网信办294家媒体 ◆A105联合国可持续发展目标媒体联盟 ◆A106香港主流媒体/台湾主流媒体/澳门主流媒体 ◆A107境外主流媒体 ◆A108境外异见媒体 ◆A109境外华文媒体 ◆A110世界通讯社 ◆A111付费报纸 ◆A112参考消息常用外媒	◆A201影视明星 ◆A202专家学者 ◆A203记者 ◆A204主持人 ◆A205网络大V ◆A206企业家 ◆A207香港议员 ◆A208美国政要 ◆A209港独、A211藏独、A212疆独、A213台独、A214异见分子	◆A301国家部委官网 ◆A302全球国际组织 ◆A303各省政府官网 ◆A304中国驻外使馆 ◆A305人大 ◆A306法院 ◆A307G20国家政府网站 ◆A308信用中国	◆A401央企 ◆A402上市公司 ◆A403民企500强 ◆A404全球银行1000强 ◆A405保险公司 ◆A406证券公司 ◆A407世界品牌500强 ◆A408中国外贸500强 ◆A409国际会展 ◆A410中国老字号	◆A501中科院 ◆A502全球大学 ◆A503知名景区 ◆A504全球博物馆 ◆A505全球图书馆 ◆A506学术期刊
B级	◆B101省级媒体、B102财经媒体/教育媒体/医疗媒体/体育媒体/科技媒体/汽车媒体/体育媒体/时尚媒体/创投媒体/军事媒体/时政媒体/旅游媒体/房产媒体、B103商业门户、B104省级晨报、B105省级晚报、B106省级广播、B107省级电视		◆B301省政府各部门	◆B401省级国企 ◆B402招投标机构 ◆B403全球智库 ◆B404商会 ◆B405协会	◆B501国家实验室 ◆B502全国工会 ◆B503三甲医院 ◆B504地方科协 ◆B505全国协会 ◆B506公益组织
C级	C101市级媒体、C102市级晨报、C103市级晚报、C104市级广播、C105市级电视		C301市政府各部门	C401市级国企	C501市图书馆
D级	D101县级媒体		D301县政府各部门		

图 3-36　信源知识标签

4.媒体事件图谱

媒体事件图谱利用时域、空域、领域三维模型对事件进行建模分析，定义媒体事件的主题变量、议题变量、评论变量、媒体变量、大众变量、平台变量、管控变量、响应变量。媒体事件图谱基于深度学习和语义理解技术，实现对人、机构、时间、地点、主题等事件六要素的智能识别和自动提取；创建事件案例库，对事件进行结构化析构、关联和存储，实现"一事一档""一事一库"。围绕媒体事件图谱，泛媒体知识图谱技术可创建事件演变的变量体系、核心变量、异动变量，提供事件定量分析、定性分析、动态分析、比较分析、智能分析工具，实现基于媒体事件图谱的推演。

5.行业知识图谱

行业知识图谱可完成媒体行业信息领域知识图谱的构建、管理、展示和应用,借鉴国际IPTC的信息描述标准模型,结合行业领域知识地图,创建行业信息情报知识分类、编目、索引、关联框架,实现行业信息情报知识图谱的构建、存储和服务。行业知识图谱可创建、维护行业标签库和业务指标库,针对行业定义领域分级主题模型、设计主题计算指标和公式,构建行业知识管理、知识服务和知识应用体系。

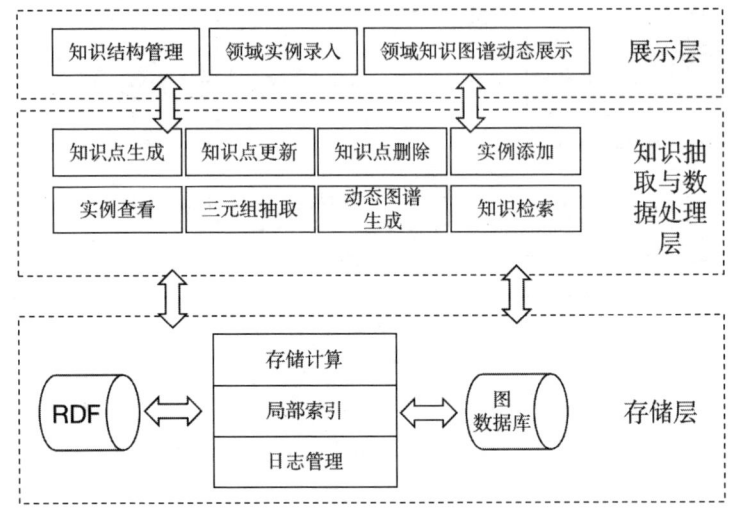

图3-37 行业知识图谱构建

三、业务应用

(一)多模态内容安全

内容安全是媒体宣传的生命线,是抢占互联网舆论阵地的基础保证。长期以来多模态内容的全面安全审校、核查能力的不足一直困扰着传媒从业者。基于机器学习、多模态识别等技术构建内容安全防火墙,实现内容风控,成为当前媒体融合发展的迫切需求。

多模态内容安全智能审核平台基于机器学习、自然语言处理、图像识别等相关多模态内容理解技术,结合媒体宣传实际业务需求,实现了针对68个不同业务场景,125种类型的文字、图片、视频、音频等的多模态数据智能审核。通过深度挖掘与分析文本、图像和视频等多模态媒体稿件、素材信息数据,多模态内容安全支持暴恐识别、色情识别、政治敏感、劣迹艺人等内容审核,实现对文本、图片、视频、音频、直播等内容的实时自动审核,可广泛应用于新闻、社交、电商、直播等场景,打造多模态数据安全审核分析,在数据分析过程中实现人工智能技术赋能,有效降低业务违规风险,全面提高泛媒体发布内容的安全可靠性。

1.文本审核

文本审核适用于媒体文字稿件审核、评论、帖文等文本类通用场景,提供文本可疑内容的审核识别服务,辅助人工审稿,提高审稿效率,降低错误率,避免造成不良传播影响。文本审核包括校对中文、英文、标点、计量、异形词、拼写等常规错误;识别国家重要领导人姓名错误、顺序错误、职务错误、职务顺序错误、职务重复、姓名与职务不对应等错误;对涉事领导人共现报道的审核,如在对现任领导人的报道中出现过往涉事官员的情况,进行重点提示,辅助编辑判断报道内容是否恰当;识别文本中的色情行为描述、色情资源链接、低俗交友、污秽文案等涉黄内容;识别暴力行为、恐怖描述、赌博、毒品、枪支弹药等违禁文字内容;识别文本中的敏感事件、涉政人物、散布谣言、反动宣传等违禁内容;涉台新闻中称谓、政策名称及特定阐释等表述错误;自定义的语言规范。

2.图片审核

图片审核适用于新闻图片、用户头像,UGC上传图片等场景的智能审核,为用户提供图片内容安全智能审核服务,有效识别涉黄、涉政、违法、暴力恐怖、广告传播等违禁内容。识别范围包括国旗国徽、政治人物、军装、落马官员、恶搞漫画、反动人物、色情、涉赌、涉毒、恐怖组织、邪教组织、枪支刀具、血腥暴乱等。支持用户自定义图片库，识别自定义的不适宜内容，对有害内容进行定向过滤。

3. 视频审核

视频审核支持对视频中的文字、画面、音频进行全方位的分析过滤，包括色情识别、暴恐识别、涉政识别、广告识别、Logo识别、不良场景识别、语音风险识别等多个功能模块，并标注出现位置。视频审核应用于媒体视频生产审核、短视频平台等多种场景。例如，①涉黄/暴恐识别：智能识别语音、文字、画面中的涉黄、暴恐违规内容；②涉政识别：识别视频中的政治人物，区分敏感政治人物和非敏感政治人物、涉政图案、会议等场景；③广告识别：智能检测视频文件中的文字、水印、二维码等多种形式的图文广告；④Logo识别：识别视频图片中的各种Logo图标，如台标、商标、水印等；⑤不良场景识别：识别画中画、吸烟、赌博、无意义画面等需要监管的不良场景；⑥语音垃圾识别：识别语音中存在的涉黄、暴恐、涉政、辱骂等违规信息。

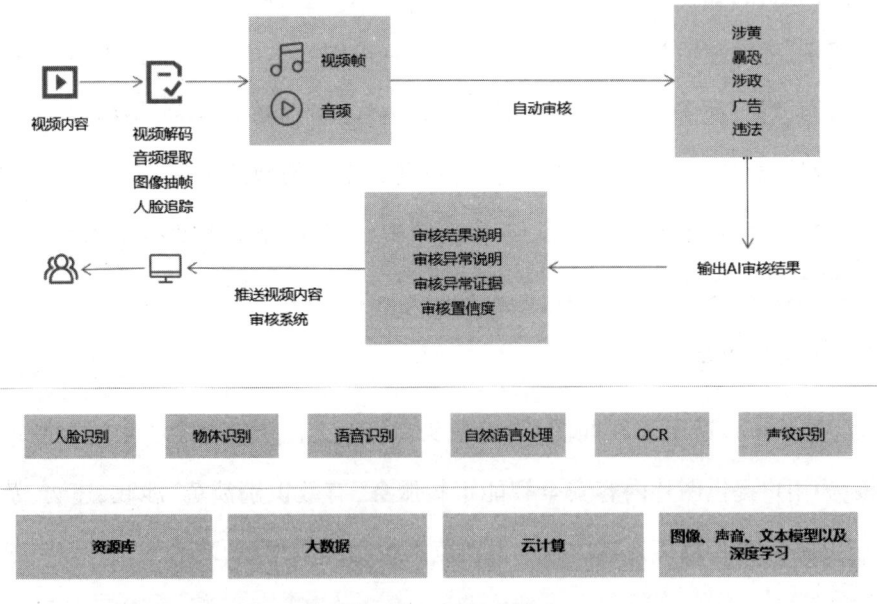

图 3-38　视频审核

(二)多模态智能识别

多模态智能识别基于多维度先进 AI 算法技术的计算型产品,提供图片、文本、音视频等多模态内容数据的综合理解能力。通过集成公司自研的计算机视觉、自然语言处理、语音处理等相关核心算法技术,多模态智能识别可以识别多模态数据在多个维度的结构化标签信息,可用于智能内容理解、多模态标引及跨模态搜索等场景。

1.人脸识别

人脸识别主要是基于深度神经网络算法与人脸特征库,对图片、视频中的人脸进行智能识别与定位。视频人脸识别算法基于场景分割、人脸检测、跟踪、特征库查询、多阈值筛选等方法,提升人脸识别在视频数据中的表现效果,面对复杂媒体视频依然具备较好的检测结果,适用于视频内容检索、敏感视频检测和重要人物识别等场景。此外,内容识别支持个性化人脸库快速定制,支持多种人脸库的任意组合,整合 Milvus 向量搜索引擎实现人脸特征库的动态维护和更新,可用于素材快速定位、敏感人物甄别、专题报道聚类等场景。

2.语音识别

语音识别采用流式端到端语音语言一体化建模算法,快速识别视频和音频中的语音信息并转化成文字,解决音视频素材中语音向文字转化的问题,用户可对素材的识别结果进行快速预览,可用于提升文字写作效率、音频素材检索、音频风险识别、辅助字幕翻译等场景,有效地缩短用户的前期准备时间,提高工作效率。

3.标签识别

多模态数据的内容缺乏标签信息,这在很大程度上降低了用户的检索使用效率,数据的管理过度依赖传统人力编目管理体系。

标签识别基于深度学习算法的视觉标签和场景识别技术,通过对图像或视频数据进行深度内容理解分析,实现精准识别图像或视频数据中的视觉内容,实现11大类别、8层分层深度,涵盖1800个以上概念,可识别800万以上的领域通用标签,具有识别性能高、识别速度快、标签信息丰富的特点。基于多级标签知识库及多场景模型训练,标签识别可实现对图片/视频内容进行内容打标的体系建设,可用于图片、视频的深度语义抽取,与已有业务形成标签体系,为不同行业场景赋能,提高检索效率和精度,从而为图像或视频提供更加丰富多维的语义标签信息。

4.OCR 识别

OCR 识别可以精确定位到新闻图像、广告图像中的文字位置,快速识别图像中的字幕信息以及特殊位置的文字信息,可用于图像检索、图像风险识别、字幕提取、辅助反垃圾等场景,并对文字内容的合规性进行检查,过滤广告中的违规文字,降低违规风险。OCR 识别将改变传统手工比对录入方式,实现图像与文本的智能提取,降低多模态编目管理成本,为业务快速发展提供有力的支撑。

(三)跨模态智能检索

跨模态智能检索是跨模态学习的重要应用之一,通过基于文本、图像、语音内容理解和特征向量提取的服务方法,可实现文本、人像、语音、标签等多模态、多维度数据的高效搜索,其中包含跨模态语义检索、跨模态向量检索、跨模态知识检索三个方面,为用户提供以图搜图、以图搜视频、以图搜人物、以文搜图、相似图像内容检索以及文本+图像组合检索等跨模态检索能力,有效提升多模态数据的利用率,盘活数据资产。

1.跨模态语义检索

基于 NLP 和近似文本检索,跨模态语义检索可针对多模态内容分析的视觉标签、人脸识别、语音识别、OCR、图像分析等内容,针对用户输入的文本语义内容,搜索出与其相匹配的多模态内容数据。

跨模态语义检索大致有以下六种:①基础分析,对标题、描述、标签等内容进行语义标签搜索,主要针对快速搜索的业务场景;②视觉分析,对图片、视频等内容中的画面视觉标签进行搜索,快速定位图片、视频内容;③语音分析,对音视频内容中的语音识别内容进行搜索,快速查找音频内容;④OCR 分析,对图片、视频等内容中的画面 OCR 识别内容进行搜索;⑤人物分析,对图片、视频等内容中的画面出现的人物信息进行搜索;⑥语义分析,通过分析搜索短语的语义信息,与多模态内容进行向量比对,提供相似图片和视频内容。

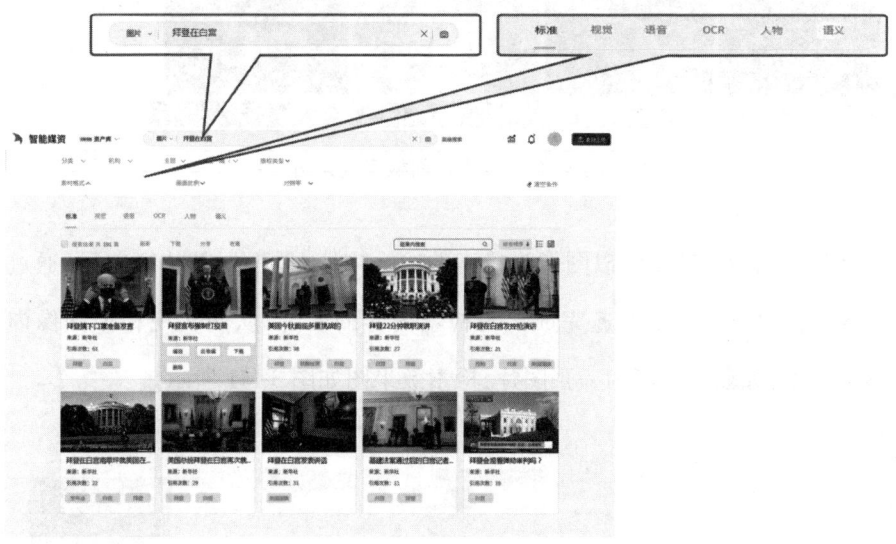

图 3-39　跨模态语义检索

2.跨模态向量检索

跨模态向量检索旨在实现两个不同模态之间的信息交互,其根本目的在于挖掘不同模态样本之间的关系,即通过一种模态样本来检索具有近似语义的另一种模态样本,基于对比学习的多模态预训练模型,融合向量搜索引擎,实现多模态内容的特征向量提取与分析,可广泛应用于多模态数据检索与分析,如以文搜图、相似图像内容检索以及文本+图像组合检索等。

以文搜图将输入的文本与多模态数据的特征向量进行快速比对,检索到与文本内容相关的多模态资源,如输入的文本内容为"雨中奔跑的女孩",检索效果图如图3-40所示。

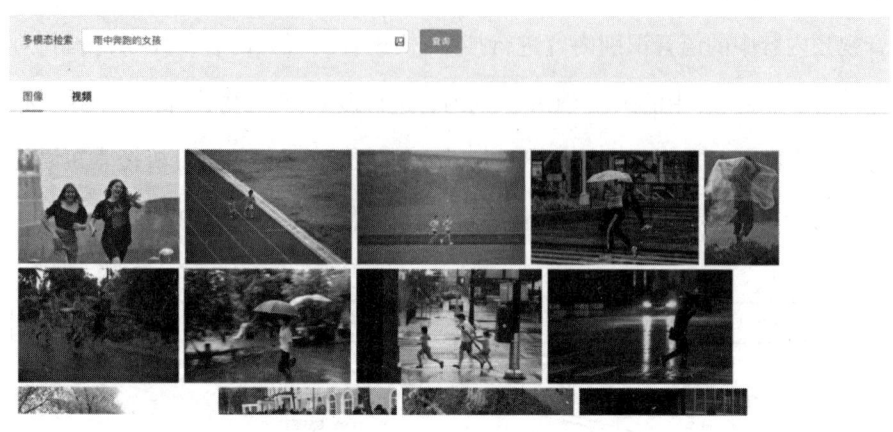

图3-40　以文搜图检索效果图

相似图像内容检索以图像为检索的输入内容,并根据其特征向量,通过多模态向量搜索引擎快速完成比对检索内容的匹配,从而实现相似图像内容的检索,如输入内容为一张图片,检索效果图如图3-41所示。

图3-41　相似图像内容检索效果图

文本+图像组合检索可以将输入的标签、图片，基于内容理解形成跨模态知识关联，依托向量检索引擎检索能力，融合检索与之相匹配的多模态数据，如搜索文本为"黄色"并配合一张花朵的图片，搜索结果如图 3-42 所示。

图 3-42　文本+图像组合检索效果

3.跨模态知识检索

跨模态知识检索基于海量媒体内容语料数据、媒体先导知识积累和人机共融的混合智能理论方法，借助对比学习的多模态预训练模型，聚焦媒体领域，构建媒体领域专业知识体系，可应用于智能问答、关联推荐、知识检索、辅助媒体生产决策分析等场景。

跨模态知识检索目前已覆盖大国经济政策、政要、敏感人物、海外阶层分析、大国经济政策分析、学习"知识云"等媒体领域知识图谱。

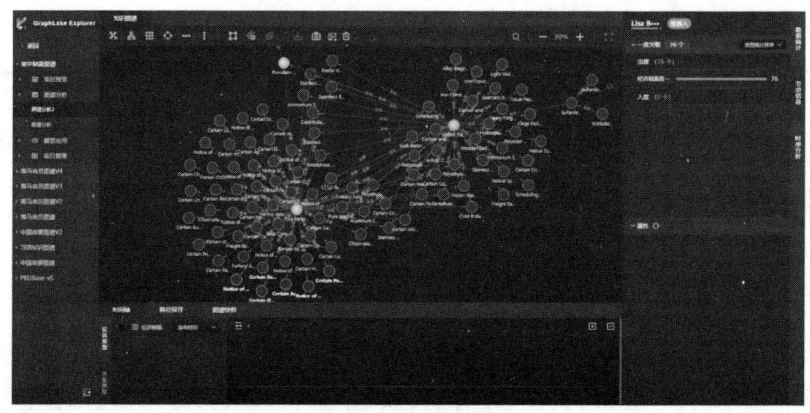

图 3-43　大国经济政策知识图谱分析搜索

(四) 多模态 AI 工具

多模态 AI 工具可以对视音频、图片文件进行 AI 智能分析, 将视音频、图片内容结构化, 可以得出人像信息、语音转文本结果、智能标签、智能审核等结果。这些结果从微观角度对视音频、图片内容进行编目描述, 相较传统编目更加细致, 将所有标签结果与内容的关键时码关联, 可以形成一套针对视音频、图片内容的全新智能编目体系和规则。

1. 智能字幕生成

智能字幕生成利用 AI 深度赋能视频加工, 快速为视频自动生成字幕, 通过语音识别提取视频字幕内容, 并将视频字幕内容依照广电字幕标准进行智能断句, 实现自动生成视频字幕。该功能可以达到字幕与视频语音时间完美匹配, 同时支持对生成后的字幕进行时间、文字调整、设置文字位置、字号、字体、描边等, 辅助编辑人员高效输出字幕视频。

2. 智能封面

视频智能封面是通过对内容的理解, 结合画面美学和海量生产数据, 选出最优的画面作为封面, 提升稿件点击量和阅读量。

3. 智能裁剪

智能裁剪可根据指定的宽高比(如 9∶16)对视频进行智能分析, 利用先进的目标检测与追踪技术理解视频内容, 最终对目标内容在视频中的动态路径进行优化, 从而达到裁剪与视频重构。在业务场景中, 可帮助视频编辑人员快速生成适合手机端的视频, 将几小时甚至几天的工作量缩减到几分钟内。

4. 智能拆条

智能拆条可对视频进行人物检测、标题检测、语音识别、场景识别, 将视频文件按照时政、经济、科技、体育、文娱、军事、自然、灾难事故、法律、房地产、工业、建设、交通、教育、历史、农业、医疗卫生、社会民生、趣闻等场景类型进行自动拆条,自动分类。

四、优秀案例

多模态内容语义理解技术利用多模态内容分析、检索与自然语言处理能力,为用户提供跨模态数字资产的全面管理、深度分析与加工处理功能,实现多媒体数据管理的高效化、智能化。

目前,多模态内容语义理解技术已经应用到媒体、广电、文教、部委、党政、企业等领域,包括新华社、中国传媒大学、泽桥医疗等多家实际业务单位。其典型应用案例如下。

(一)新华社媒体融合生产技术与系统国家重点实验室

全媒体智能化传播平台智慧中台建设项目是新华社媒体融合生产技术与系统的项目之一。该项目以推动新型全媒体机构数字化转型能力提升为核心目标,以任务为驱动,以标准体系建设为保障,结合当前先进技术,打造一个自主可控、技术先进、特色鲜明、竞争力强的技术平台。

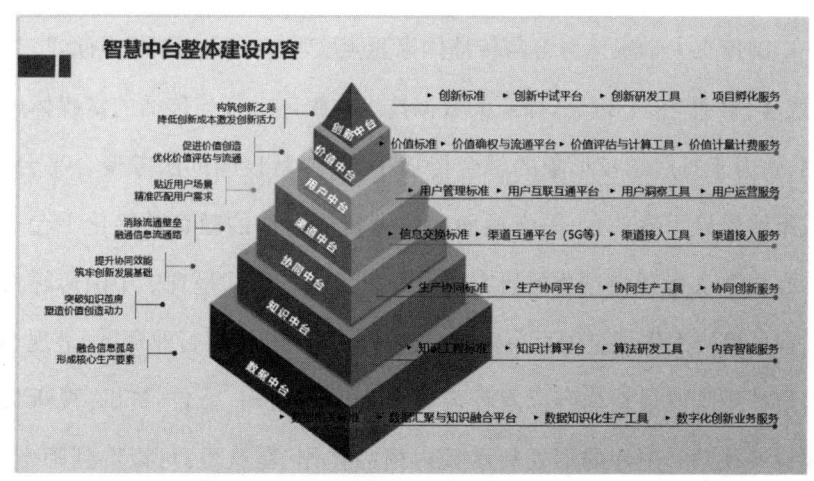

图 3-44　新华社全媒体智能化传播平台智慧中台整体建设内容

该项目同时沉淀产品工具,推动运营服务规范机制的完善,以数据、知识、协同、价值和用户为连接,全方位赋能新型媒体建设,以技术驱动媒体融合发展,拓展渠道、丰富手段、聚拢用户,建成具备新型全媒体机构数字化转型能力的智慧中台,推动形成适应互联网发展的全媒体发展布局。

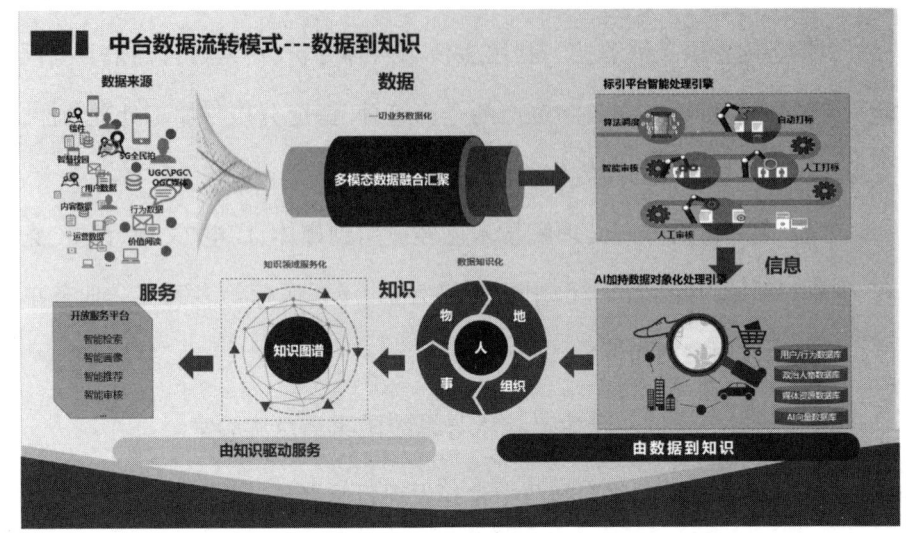

图3-45　新华社智慧中台数据流转模式

(二)中国传媒大学媒体融合与传播国家重点实验室

中国传媒大学媒体融合与传播国家重点实验室(下文简称"国重")围绕"融媒体+教育"核心理念,探究大数据技术在媒体融合与传播的富媒体中的应用,致力于打造学校形象的融合传播平台、智慧校园的服务聚合平台、国重成果的先导示范平台,是学校面向智慧传播时代的教育数字化平台。中国传媒大学 App 提供国重的研究成果并以微服务形式呈现。中国传媒大学 App 首页板块汇集了全国百余家主流媒体的新闻和传媒行业资讯,呈现学校现有媒体矩阵的最新内容以及校内各个部门的通知、公告、资讯;视听板块主要以音视频和图片的形式展示校内精品佳作,在这里,可以看到师生、校友创作的视频,浏览学校风景和校内各项活动的照片,收听各类音频作品以及观看直播;核桃林板块是中传校内互动社区,在校师生可在核桃林发布和浏览动态,其支持点赞、评论、收藏、转发等互动行为;"i 中传"根据教职工、在校生、校友、访客、考生等用户身份量身定制了对应的服务和功能。

中国传媒大学 App 自 2022 年 6 月上线以来,在各大应用商店的下载量累计超过 8 万;各部门、学院在 App 上的发稿量达到 2700 余篇;App 端进行了毕业典礼、毕业展演、秋季工作会等几十次直播活动;"i 中传"接入了包括新生报到、领导驾驶舱、图书服务等 40 多项服务。

图 3-46 中国传媒大学 App 主要功能页面

(三) 新华社多语种报道海外落地数据分析与服务项目

中科闻歌技术赋能的新华社图片视频稿件采用统计与影响力分析系统,立足新华社监测评估多媒体类型信息传播效果的业务需求,以稿件数据为基础,兼备特征提取与图片视频比对多模态分析算法,提供数字赋能、创新驱动媒体智能化的解决方案。

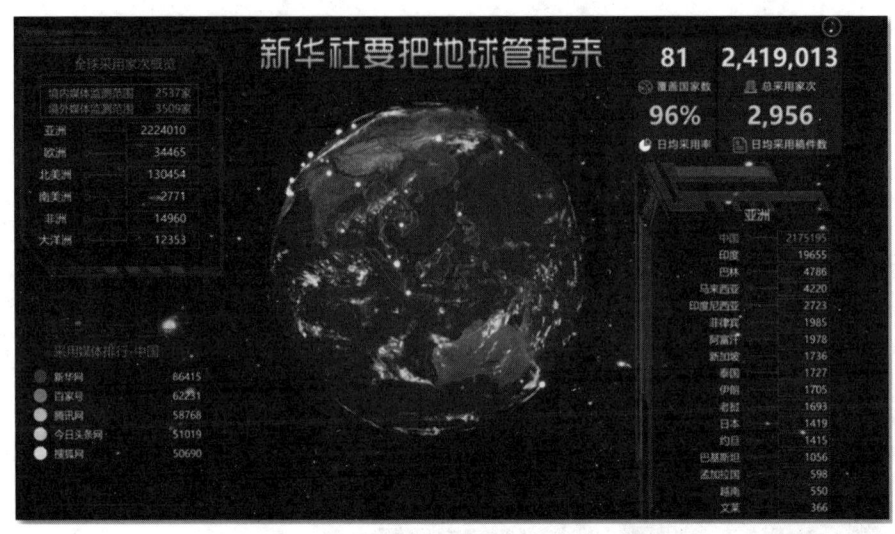

图3-47 新华社全球稿件采用分析可视化

新华社智媒技术围绕新华社每日的多语种报道内容,结合新华社统计的业务需求,依托本平台以及"闻海"大数据平台,实现5500余家多语种网站报道内容搜集,以及图、音、视内容的统一管理,实现全球多语种的媒体网站、官方网站的全面、实时、准确、自动化的数据采集存储和监测分析,充分利用图片比对分析技术、视频比对分析技术。

第三节　数美科技：智能审核筑起 AI 安全高墙

一、数美智能审核方案

(一) 内容风控与审核的挑战

随着移动互联网的发展,大众内容消费和自我表达的需求不断升级,聚焦 UGC 的平台也在不断涌现。大众参与的 UGC 在极大丰富互联网内容的同时,也给平台带来很大的审核挑战,其中包括来自监管要求的色情、涉政、违禁、暴恐等内容和损害平台自身利益的广告导流等。UGC 内容的形式多样性给内容审核过滤带来了很大难度,特别是图片、视频、语音等非结构化数据的内容识别难度很高,传统的敏感词匹配方式很难有效识别风险内容。

在流量的吸引下,互联网上出现了一种专门做违规流量变现的黑色产业链:广告内容导流。黑色产业链会发布各种违规广告(垃圾广告),通过这些广告导流变现。典型的黑色产业链广告类别包括色情服务、赌博、毒品、金融贷款、医疗、美容、保健、微商、代理、兼职、电商。

广告导流黑色产业链为了追求利益,通常会让自己的广告内容在 App 里面有尽可能高的曝光率和大的人群覆盖面,其影响范围大,影响时间长。广告导流的对抗性和变化性非常强,仅从内容层面进行识别效果和时效性较差。

(二) 数美智能内容风控介绍

数美科技凭借其多年在内容审核过滤领域的深厚积累和持续攻防升级,打造了基于深度学习与画像的全栈式智能内容风控产品——天净。

全栈式智能内容风控产品——天净通过对海量数据深度学习,结合算法对特定场景建立相应的分析模型,进行文本、图片、语音、视频内容识别,结合产生内容的账号、设备、IP 的行为以及全球风险库,精准识别色情、涉政、违禁、辱骂、暴恐、广告、未成年违规、Logo 水印等内容风险,实现高效、准确、全面覆盖的内容审核过滤。

二、智能文本过滤

(一) 功能特点

智能文本过滤通过建立完善的用户画像系统和特色智能语义分析功能,结合多场景、多维度判定,支持涉政违禁、色情污秽、广告导流风险识别,识别准确率高达99%以上,其能够对文本进行快速处理,极大降低误杀率,减少人工审核成本,杜绝线上风险。

1.涉政违规识别

涉政违规识别实时同步网安、网信办等有关部门监管要求,监测实时热点事件,持续更新数十万量级的敏感词库,通过灵活的名单匹配(白名单、黑名单、忽略名单、变体名单等)和强大的 NLP 模型,精准有效识别文本中的涉政违规风险,包括领导人名、敏感事件、禁书禁片、邪教迷信、政府机构、反动分裂、违禁品、暴力恐怖、英雄烈士、热点事件等,并支持业务场景的敏感词个性化设置及多种灵活匹配方式。

涉政违规识别具有以下特点:海量丰富的敏感词库持续更新,覆盖几十种涉政违规类别;支持同音字、形近字、拼音、插入混淆、影射等强大的变体识别;支持自定义敏感词黑名单、白名单、忽略名单。

2.色情污秽识别

用户为了宣泄情绪及增加吸引力,会发布低俗、色情等信息。色情污秽、辱骂等信息的大量出现,会给平台带来相关政府部门的监管风险。色情污秽识别通过积累大量行业语料,基于 NLP 技术训练色情、低俗和辱骂等模型,结合色情敏感词库,精准识别文本中不合规的色情污秽等内容。

色情污秽识别具有以下特点:将色情污秽内容分为色情、低俗、辱骂等多个等级,灵活适应不同应用、场景、角色的个性化审核标准;强大的 NLP 模型和色情敏感词相结合,多角度、全方位进行拦截,且支持自定义敏感词名单;运用智能的语义识别技术,对同一个词在不同语境中产生对应的判别结果。

3.广告导流识别

广告导流黑色产业链为了追求利益,通常会让自己的广告内容在 App 里面有尽可能高的曝光率和大的人群覆盖面,造成负面影响。大量垃圾广告内容,会给平台带来相关政府部门的监管风险,也会影响正常的用户体验,造成用户的流失。诈骗广告的出现,有可能会导致少量用户上当受骗,引起平台纠纷,导致品牌受损。

广告导流识别具备以下特点:能够准确识别违反欺诈广告、导流广告;支持广告法合规性检查,减少违规风险;强大的文字变体识别能力,能够识别上万种主流联系方式(微信、QQ、手机号、网址、公众号、百度搜索、微博等)变体特征库。

4.支持多语言识别

系统支持多语言识别和 emoji 及自定义表情识别,适应复杂的多语言环境,更好地保障平台业务的安全运行。

5.语义分析技术和多种文本识别策略模型

汉语文化博大精深,同一个词在不同语境中的意义差别很大,传统敏感词匹配技术的准确率很难达到精准高效审核的要求。智能文本过滤采用语义分析技术和多种文本识别模型与策略,对海量文本数据进行学习和训练,能够识别同一个词在不同语境中的语义,从而进行精准的风险判断。

6. 可视化 Web 审核后台

智能文本过滤提供 API 调用接口和可视化 Web 审核后台,可以在趋势分析中查看风险内容的趋势,在历史记录中查看筛选内容详情,在名单服务中自定义添加和管理敏感词。

(二)技术优势

基于海量语料深度学习训练的 NLP 模型、实时更新敏感词库、用户画像和行为分析等技术的智能文本过滤,可以精准识别过滤色情、涉政、暴恐、辱骂、垃圾广告等违法、低俗文本内容,且支持多语言和表情符号智能识别,可以提供更可靠的内容安全保障。

智能文本过滤可以用于图 3-48 中丰富的应用场景,其具备以下核心优势:

(1)个性化模型定制:针对不同的业务场景需求,提供用户角色专属策略、账号等级分级策略、业务场景差异策略、业务类型差异策略等个性化配置策略,来满足各平台定制化需求。

(2)内容审核精准度高:建立完善用户画像系统和特色智能语义分析功能,结合多场景、多维度判定,识别准确率高达 99% 以上,对文本进行快速处理,极大降低误杀率,减少人工审核成本,杜绝线上风险。

(3)敏感词库覆盖广:模型依托海量、丰富的违规词库,涵盖各类敏感词,对不同领域的垃圾文本都能精准地识别,并支持业务场景的敏感词个性化设置及多种灵活匹配方式。

(4)智能分级识别:对色情污秽内容进行智能分级识别,独家提供广告法合规检测,有效识别色情、低俗、辱骂内容,适应不同平台的审核标准。

(5)支持多语言识别:支持外国语言如英语,中国少数民族语言如维语、藏语等多语言识别,更好地保障平台业务安全运行。

直播视频弹幕
实时监测智能过滤直播弹幕文本中敏感词、涉黄、涉政、广告等垃圾文本内容有效净化直播间内容生态;

论坛灌水发帖
对网站的注册信息进行检测过滤筛查用户提交注册的用户名或网名昵称避免通过用户名的方式恶意推广;

产品评论留言
实时过滤文本产品评论留言中的敏感词、涉黄、涉政、广告、灌水等垃圾文本内容对文本内容智能识别过滤,保证产品良好用户体验;

头像昵称签名
高效识别头像昵称签名文本中敏感词、涉黄、广告类垃圾文本内容;

垃圾广告群发
高效识别过滤垃圾广告、导流信息、恶意营销、违法欺诈广告等内容,支持微信号、手机号、QQ等各种变体识别;

游戏频道聊天
实时识别过滤游戏频道聊天文本中敏感词、涉黄、涉政、广告等垃圾文本内容;

图 3-48　智能识别覆盖场景

三、智能图片过滤

智能图片过滤采用基于深度学习的图片识别技术和基于画像的用户行为分析技术,构建强大的图片识别引擎,为人工审核提供高效、精准的辅助支持,特别是在社交媒体、内容平台和传统媒体等领域。它通过自动识别、分类和筛选图像,为人工审核减负。

(一)功能特点

1.涉政违规识别

智能图片过滤基于海量人脸库和专业审核人员的审核标准,利用深度学习技术,识别正常、漫画、恶搞、负面涉政人物的违规信息,降低违规风险,覆盖涉政人物500余个。

政治敏感人物库尽可能覆盖全面，包括国家领导人、敏感事件人物、英雄烈士等，形式包括蓝底照片、生活照片、历史照片、漫画恶搞、代表形象等。智能图片过滤实时监测政治敏感事件和热点事件，发现问题图片后及时加入政治敏感人物库。

2. 暴力恐怖识别

智能图片过滤通过海量暴恐图片库，依托深度学习引擎，支持国旗国徽、恐怖主义、军装、枪支道具、血腥暴乱、儿童邪典等不同类型的图片识别。

3. 色情污秽识别

智能图片过滤利用大规模GPU集群和深度学习技术，准确快速稳定地识别色情、低俗、性感图片，解决直播、视频、电商、社区网站、论坛等图像内容的黄、反问题，帮助企业降低传播污秽、色情、低俗内容的风险，大规模提升人工审核团队效率，增强用户浏览体验。

智能图片过滤支持重度色情、色情、性感、低俗、正常等多种级别，灵活适应不同应用、场景、角色的个性化审核标准。

4. 广告及变体识别

智能图片过滤通过OCR识别、垃圾文本识别、广告分类模型，识别手机号、微信、QQ、淘宝、微博、网址、二维码、水印等近10种联系方式及其变体。

5. 可视化Web审核后台

智能图片过滤提供API调用接口和可视化Web审核后台，可以在趋势分析中查看风险内容的趋势，在历史记录中查看筛选内容详情，在名单服务中自定义添加和管理敏感图片。

(二) 技术优势

基于业界领先的图片深度识别引擎、图片相似度、用户画像与行为分析的智能图片过滤,可精准识别图片中涉黄、涉恐、政治敏感内容、欺诈广告等违规、违法内容,彻底解放人工审核,极大提升产品用户体验。

智能图片过滤可以用于图 3-49 所示的应用场景,其具备以下核心优势:

(1)精准识别图片内容风险:能够识别图片中的色情、性感、政治人物、政治事件、暴力恐怖、水印、二维码、网址等风险。

(2)海量图片数据样本:基于海量图片数据,搭配多种机器算法模型,通过多种模型组合训练,精准识别各类违规图片,具有每日上亿次的图片处理能力,让模型迭代更快速,更加高效地处理各类违规图片。

(3)标准灵活,策略定制:支持自定义审核维度,根据行业特性提供专属图片识别策略,让审核标准更贴合实际业务场景。

(4)完善用户画像系统:通过智能追踪分析建立用户画像,多维度综合判定,极大提升广告图片识别的准确率。

图 3-49 智能图像识别范围

四、智能音频过滤

智能音频过滤采用基于 ffmpeg 的音频信息动态转码技术、基于深度学习的语音识别技术和智能特色语义分析技术，能够对绝大部分音频格式进行多场景、多维度的检测与识别，其中包括涉政、涉黄、广告导流等诸多类型。智能音频过滤识别准确率高，处理速度快，检测场景广泛，能够极大地降低人工审核成本，提升音频内容质量。智能音频过滤采用异步调用方式，目前提供主动查询与回调通知两种方法。

(一) 功能特点

1.音频内容全场景采集

智能音频过滤基于 ffmpeg 工具，支持 OGG、MP3、ASF、WMA、WAV、MP3PRO、RM、REAL、APE、MODULE、MIDI、VQF 等多种音频格式和音频流，支持语音直播实时监控、语音点播、语音消息和各种音频文件的检测。

2.违规内容识别

涉政违规：基于语音转文本技术和对文本内容的检测，对音频中出现的反动言论、领导人名、敏感历史事件等多种类型的政治违规内容进行检测。

涉黄违规：利用大规模 GPU 集群和深度学习技术，准确快速稳定地识别音频中的色情、低俗或性感部分，大规模提升人工审核团队效率，增强用户浏览体验。

娇喘识别：利用大规模 GPU 集群和深度学习技术，能准确识别出娇喘、呻吟等非文本类特殊声音色情内容。

导流广告：通过语音转化文本并对文本内容进行关键词检测，识别出导流广告音频内容。

3.可视化 Web 审核后台

智能音频过滤提供 API 调用接口和可视化 Web 审核后台,可以在趋势分析中查看风险内容的趋势,在历史记录中查看筛选内容详情,在名单服务中自定义添加和管理敏感内容。

(二)技术优势

智能音频过滤基于业界领先的语音识别引擎、文本检测模型以及语音编解码技术,精准识别音频中的字幕涉黄、涉恐、政治敏感内容、欺诈广告等违规违法内容,彻底解放人工审核,极大提升产品用户体验。智能音频过滤具备以下核心优势:

(1)精准识别音频内容风险:能够识别音频中涉政、涉黄、广告导流等违规内容。

(2)海量数据样本:通过大量数据的训练,模型能够识别出模式和特征,提升在不同媒体场景中的稳定性和鲁棒性。同时,海量数据使得端到端的学习模型能够从数据中直接学习特征。

(3)标准灵活,策略定制:智能音频技术通过分析用户偏好、听觉习惯和特定场景需求,自动调整音频输出。例如,针对不同群体用户的语言、语速进行个性化定制。

五、典型案例——语音社交内容审核解决方案

语音社交典型场景包括语音广场、语音聊天、语音消息、语言直播间。

(一)场景一:语音广场(所有用户可见)

1.内容安全风险点

(1)涉政(谈论领导人、敏感事件、恶搞红歌等)。

(2)涉黄(性暗示、性引诱、低俗言论、娇喘呻吟等)。

(3)广告(加微信、关注公众号、微博号等导流内容)。

(4)辱骂(谩骂、不文明用语)。

2.解决方案

(1)主动拉流:用户上传音视频数据的同时,客户将音视频的存储地址传给数美科技,数美科技音频识别服务会主动拉取数据进行处理。

(2)先发后审:用户发布音视频数据后,数美科技对拉取到的内容进行识别,在1分钟以内(短音频处理时间更短,在秒级别)返回识别结果给客户,如果发现违规结果提示,客户可第一时间重置数据展示范围,并安排审核员复审。

(3)高效复核:审核员可充分利用数美科技返回的信息实现高效复审,最大限度地缩短复审时间,降低风险。

(4)处置建议:人工复审确定为违规的数据,可进行删除数据、警告用户、收紧用户权限等操作。

(二)场景二:语音聊天

1.审核技术难点

(1)数据量大,每天有数十万小时的数据产生。

(2)通话过程需要全程实时监测内容是否违规。

(3)背景噪声干扰、多人说话影响识别结果。

(4)数据波动大,每天21点到凌晨2点峰值数据量大,违规风险高,审核压力大。

2.解决方案

(1)实时拉流:每10秒拉取最近的音频流数据进行识别,10秒内将识别结果主动回调给客户。

(2)自动处置策略:短时间多次命中色情、涉政等风险原因,触发策略中止通话(客户侧逻辑)。

(3)处置建议:对确定为违规的数据可进行中止通话、警告用户、收紧用户权限等操作。

(三)场景三:语音消息

1.内容安全风险点

(1)色情广告(加微信、关注公众号、微博号等导流内容)。

(2)低俗言论(性暗示、性引诱、低俗言论、娇喘呻吟等)。

(3)负面涉政(吐槽党和政府、传播负能量)。

2.解决方案

(1)效果指标:拦截准确率、召回率高达90%以上。

(2)使用方法:机审结果违规直接不予显示/仅自己可见/删除操作,不对账号惩罚。

(3)价值体现:在无人工干预情况下检测出问题数据。

(四)场景四:语音直播间(语聊房)

1.内容安全风险点

(1)低俗色情言论(色情游戏、色情段子)。

(2)负面涉政(吐槽党和政府、传播负能量)。

(3)高频辱骂(短时间多次对骂,宣泄不满)。

2.解决方案

(1)机器初审,人工复审,准实时。

(2)效果指标:拦截准确率50%左右。

(3)使用方法:将机器识别结果反馈给审核人员,审核人员复审一遍确定如何惩罚账号。

六、数美科技业务新方向——"出海"

中国互联网企业轰轰烈烈的"出海"进程已经势不可挡,企业们都纷纷奔向异国他乡开辟新市场。目前,占据主体地位的"出海"企业以音视频、社交、游戏等为主,其中音视频行业焕发出巨大的市场活力,常常以席卷之势抢占市场份额。在地区上,北美、东南亚、中东等地区均显示出了巨大的市场需求和消费热情。但广阔的海外市场开拓起来也并非易事,机遇紧迫的同时还要面对重重的现实障碍。海外的文化氛围普遍宽松,存在宗教、文化禁忌和未成年人等不可触碰的"逆鳞"。常见的几大风险内容如下:

(1)色情违规:海外的文化氛围相对较为宽松,可接受尺度也较宽泛,需关注的问题集中在全裸、露点等涉嫌重度色情的内容上。

(2)涉政违规:对于部分地区属于敏感话题,且随着地区不同呈现出松紧不一的明显尺度差别,"出海"企业在此方面应更为谨慎。

(3)暴恐违规:对暴力、恐怖的内容较为敏感,尤其是血腥、枪支等相关内容。

(4)违禁违规:部分地区对含宗教因素的内容尤为敏感。

(5)未成年人:未成年人识别属于海外文化的重点关注问题,未成年人的智能识别和内容分类分级属于海外音视频行业需要关注的重点功能点。

基于对海外音视频行业内容审核痛点的深刻研究,数美科技结合旗下全栈式在线内容识别解决方案——天净推出了专供音视频"出海"企业使用的智能内容识别方案,并已为数家"出海"企业提供了高效的内容审核能力。

基于整体的智能内容识别能力,数美科技音视频"出海"行业内容识别方案为音视频"出海"企业提供了三方面的识别功能。

图 3-50　数美科技音视频出海行业内容识别方案架构

（1）内容风控审核：面对音视频企业"出海"时面临的地区性尺度差异问题，数美科技提供共三级、超 600 个的细分标签，将可能面对的色情、暴恐、涉政、违禁等内容风险进行了精细化的拆解，为尺度赋予了极细的颗粒度，可供"出海"企业根据提供音视频服务的地区文化、所在地法规进行自由调节，自主定义审核策略，保证同一套内容风控审核方案在多地的适配性。

（2）内容质量识别：在内容质量方面，数美科技集成了人脸对比、颜值分类、人像占比、人数识别、性别识别、马赛克识别等多种细分功能，这是由于海外音视频用户在社交、内容消费等过程中更关注用户的真实性、关注内容是否贴合实际，对"高 P""美颜"等美化手段的接受程度与国内有明显差异，因此常常需要引入内容质量识别检测资料的真实性。

（3）服务集群：由于音视频"出海"企业普遍面临数据隐私、传输和存储的问题，数美科技在全球设有北京、上海、广州、印度、新加坡、法兰克福、弗吉尼亚等多个服务集群，覆盖全球上百个国家和地区，支持不同区域的用户调用相应集群，保障数据传输处理的高效性。数美科技也通过了 ISO27701

图 3-51　数美科技内容质量识别

隐私信息管理体系、ISO27001 信息安全管理体系、ISO27017 云服务信息安全管理体系、ISO27018 公有云中个人可识别信息保护管理体系等体系认证，以保障数据隐私安全。

目前，数美科技已搭建了遍布全球的 SaaS AI 风控网络，服务覆盖中国大陆、欧洲、北美、东南亚、印度，为企业的数字化转型赋能，为数字经济的高质量发展保驾护航。数美科技已积累小红书、爱奇艺、麦当劳、欧莱雅等全球 3000 余家国内外知名企业的服务和客户成功经验，覆盖游戏、社区、航旅、新零售、金融、电商、直播、地产、传媒、出行、教育等超 15 个行业，被评为企业数字风控行业的领军者。

第四节　腾讯优图实验室：
提升媒体管理效率与运营质量

一、媒体 AI 赋能智能标签

截至 2022 年 12 月,中国互联网络信息中心(CNNIC)第 51 次《中国互联网络发展状况统计报告》显示,短视频用户规模达 10.12 亿,同比增长 7770 万,增长率为 8.3%,在整体网民中的占比为 94.8%。目前视频平台上的标签总数已达到千万量级,标签与作品间的相关性接近九成,选择一个合适的标签无疑能够提高发布的作品在平台上被推荐的权重。但依赖人工打标签的方式存在提取标签差异大、效率低等不足,已经无法满足当下运营的需求。

腾讯公司基于其业内领先的 AI 技术(依托腾讯优图、微信智聆等腾讯内部人工智能实验室自研核心技术)和丰富的内容运营经验,开发了腾讯云智能标签,以提供视频全维度标签提取能力,能够稳定、高效地输出各类标签。智能标签 AI 能力针对传媒素材进行定制优化,输出基于音视图文的全维度标签和内容文本;标签结果丰富全面,同时具有高准确率、高有效性等特点,供媒体、短视频、电商等行业的内容创作、内容管理、内容运营等业务场景快速使用。

相较于人工标注,腾讯云的智能标签方案有 4 个突出的优势:

(1)完善的标签体系,准确的识别效果,提取视频高价值内容。

(2)持续迭代标签体系和算法能力,优化标签效果,紧跟内容热点。

(3)输出热点事件标签、地标标签、场景物体等内容标签,可直接为内容

图 3-52 腾讯云智能标签技术体系

创作、运营提供有效参考。

(4) 通过自定义文本标签库、人物库等自定义内容库,实现内容识别范围的扩增,持续提取最新热点内容。

腾讯云智能标签可以完美应用在以下场景中。

(一) 帮助内容运营,提高作品曝光率

通过结合音视图文及多维度算法,业务系统只需要一次调用就可以获取视频标签,用户能够根据素材的事件标签和场景物体标签,实现热点话题、热门事件的专题内容板块的快速搭建,降低专题活动的素材汇总成本。标签紧跟热点内容,可提高内容运营的效率和质量。

(二) 标签反推视频创作

智能标签系统帮助用户快速了解视频素材概况,高效检索创作所需的标签并识别视频位置,方便找到素材的位置进行资源再利用。

例如,检索视频库中与近期热点相关的内容标签,从而实现高效且规模化的内容创作,保证内容的时效性。支持识别视频中的语音信息,输出与视频画面时间对应的语音文本,帮助后期添加视频字幕。

(三) 准确提取视频内容概要

视频智能标签能够有效概括视频画面、声音、内容大意等信息,支持自动提取视频内容概要、识别关键人物,信息可用于视频标题,也可作为视频内容简介。

(四) 轻松管理海量素材

视频智能标签可应用于企业中海量媒资入库储存的通用场景,可通过智能标签建立细分的内容框架结构,并补充以详细的文本信息,实现媒资素材的智能归类存储,提高企业内容管理效率。

(五) 实现内容精准推荐

视频智能标签提取出的内容标签丰富且准确,支持结合智能推荐技术,实现内容与用户的精准匹配。在获得用户授权后,根据用户关注、用户观看记录等用户行为实现用户个性化推荐,打造"千人千面"的用户运营系统。

腾讯云视频智能标签也针对性地对企业提供定制化服务,其应用覆盖传媒、音视频、电商、体育、企业服务等行业的媒资内容理解场景,高效提取媒资视频中基于音视图文的各类标签,供后续内容创作、内容管理、内容运营等工作使用。

二、媒体 AI 赋能视频内容处理

随着 4K/8K 时代的到来,尽管基于 4K 的显示产品已经高度普及,但市场上 4K 超高清节目资源却远远落后于终端市场的发展,因此 2K 转 4K 的视频图像超分辨技术有着广泛的实际需求。在影片点播方面,存量的影视剧中,很多视频分辨率解析度满足不了当前播放设备的分辨率,影片利用超分技术,将这部分影视剧的分辨率提升后可适配当前设备。另外,老旧影片也需要修复竖线、雪花点、划痕、霉斑等物理形态的画面损伤以及噪点、模糊、颜色失真等拍摄时因设备导致的画面损伤。为了在移动端进行播放，也需要对视频流进行智能处理，动态调整视频，以匹配最优编码参数，从而以更低的带宽成本给用户提供更高清的视频流。

腾讯云智能视频处理包含下面几个重要应用：智能超分、老片修复、智能转码。

智能超分应用通过对视频进行高码率转码/编解码，私有化部署服务，支持素材库原片 1080P、码率 2~120mbps，实现 4K、8K 超分的分辨率上采和帧率上采；并且对画面细节有更流畅生动的还原与升级，能够重建一幅高分辨率图像，恢复出图像的高频信息，实现对于视频分辨率、帧率、清晰度、流畅度等各维度的品质提升。

智能转码应用支持视频文件的智能编码和处理，能够提升观众观看体验，降低播放成本，提高视频传输效率，用户看片流量能够节省 30% 以上。转码系统在提升视频质量的同时，可以降低 30% 的码率。

老片修复应用通过对视频进行智能分析，利用 AI 画质修复和增强技术，去除老电影中特有的竖线、划痕、雪花点、噪点、抖动等问题，同时对分辨率、帧率、黑白上色、颜色纠偏等进行质量提升，还满足影院素材登上电视等需求。

基于以上技术，腾讯云智能视频处理应用的价值主要有：

（1）赋能各大省台 4K 频道、IPTV／OTT 牌照方 4K 点播频道、机顶盒点播内容建设，超分升级储备内容，助力 4K 素材覆盖全时段的内容传播。

（2）在视频编解码领域，因带宽受限而通过下采样的方式传输低分辨率图像时，可使用超分技术在接收端对图像进行重建。

（3）智能编码技术匹配最优编码参数，以更低的带宽成本给用户提供更高清的视频流，提升观众观看体验，降低播放成本，提高视频传输效率。

(4) 老片修复技术基于 AI 方式修复损伤片源的画面及帧率,重映经典老片,避免人工修复过程中的技术受限问题,大幅提升修复效率。

(5) 老片修复技术基于 AI 方式调整色彩参数,帮助影院素材登上电视,避免人工操作因生理、情绪带来的结果波动。

三、腾讯云智媒体内容中台解决方案

(一) 方案背景

党的十八大以来,以习近平同志为核心的党中央高度重视媒体融合发展,党的十八届三中全会提出了推动媒体融合发展的重大任务,中央专门印发了《关于推动传统媒体和新兴媒体融合发展的指导意见》。习近平总书记多次就推动媒体融合发展作出深刻阐述,"要坚持移动优先策略,让主流媒体借助移动传播""积极发展各种互动式、服务式、体验式新闻信息服务,实现新闻传播的全方位覆盖、全天候延伸、多领域拓展,推动党的声音直接进入各类用户终端"。

传媒媒体业务发展正面临战略转型、跨越发展期,移动互联网、云计算、AI 人工智能、大数据等信息技术对广播电视、报业等媒体单位的制作、播出、服务模式与服务格局产生了全方位影响。各媒体单位也在通过 IDC、云计算、大数据、人工智能等方面技术体系进行未来融媒体平台建设的探讨。通过云计算的优势,可以解决系统的效率问题,并且能够以服务的方式为媒体单位提供多样化平台服务。同时,云媒体中台服务对平台环保、节约、清洁生产及可持续发展提供无限的空间。随着媒体平台业务系统的云化、IP 化不断深入,各媒体单位的技术体系采用新平台架构不仅是必需的,也是可行的,重构媒体平台体系结构及部署方式是时代特征、必然选择。

传媒智慧平台项目建设以云化、数字化为基础,以智能化为核心,充分

利用台内现有网络资源和存储技术,依托先进的技术中台架构方法论,将构建完善的内容交换标准体系、统一的内容和服务支撑体系、灵活的业务运营支撑体系,以一体化业务管理模式进行媒体生产、制作、发布的工艺流程设计,建设一个数字化、网络化、自动化、高效率的技术服务支撑平台。传统媒体平台通过平台建设适配未来大众化媒体、个性化媒体、社交媒体、自媒体等多样化媒体形态的技术支撑体系,建立面向互联网应用、具备公共服务能力的社会化制作、播出和发布服务的融媒智慧平台。

(二)方案概述

为了更好地提升融媒业务发展水平,腾讯云智媒体内容中台解决方案顺应云时代的内容流动目标,大中型用户可以基于本地构建的私有化中台系统,完成传统媒资库与业务系统的嵌入式升级,提高 AI 能力辅助的使用范围;中小型用户可基于 SaaS 云服务按量购买服务量级,轻便作业,同时享受最新版本体验。腾讯云智媒体内容中台解决方案在超高清制播网络融媒发布系统中,围绕融媒体内容聚合、生产、管存、分发整个生产链条,构建支持多类型融媒内容统一管理的内容库,联动 AI 技术和内容生产与分发工具,建立基于新媒体业务的管理、决策和运营支撑平台。

腾讯云智媒体内容中台包含媒资内容智能化、统一化管理能力,具备融媒资源存管能力、内容标准化能力、多模态检索能力、多渠道应用与运营支持能力。一方面,可深度挖掘媒体资源池中的数据价值,使其成为可灵活检索、灵活调用的活数据;另一方面,可为智能化生产、智能推荐等提供有效支撑,实现多元化的工具组件对于统一素材库内资源的处理、分析与调度。腾讯云智媒体内容中台实现 PaaS 层对所有系统内容的统管,有效实现内容在策、采、编、发、传、评、馈各个流程的共享、交换和编辑。腾讯云智媒体内容中台还可通过数据连接器和原生开发 API,方便 SaaS 接入和集成,形成以智慧 AI 能力为驱动、媒体内容中台为躯干、融媒工具应用为触手的开放平台,基于本地构建的私有化中台系统,完成传统媒资库与业务系统的嵌入式升级,提高 AI 能力辅助的使用范围。

(三)方案思路

1. 集约化智能应用平台支撑多业务场景

智能化应用从单点能力向业务流程支撑转化,需要建立集约化智能应用平台支撑"采、编、存、管、发"全业务场景。

2. 多模态内容结构化赋能海量内容运营

构建智能化媒体内容中台,对视频进行"音、视、图、文"多维度的结构化分析,结构化输出涵盖了人物、文本和图像三个维度的标签,深度挖掘媒资潜在价值,提升二创利用效率。

3. 智能生产工具赋能融媒体智能生产

随着人工智能技术的快速崛起,智能生产工具基于人工智能实现了媒体核心内容的快速生产,通过人机交互和人机协作,从而释放媒体生产力,带来内容生产效率和手段的变革、传播力和影响力的提升,使媒体连接万物、融于网络、直抵受众。

在腾讯云智媒体 AI 中台的能力基础之上,腾讯云智媒体内容中台方案主要致力于全媒体内容统一标准化纳管存储和应用工具箱两大场景,解决内容标准化存管、内容生产与分析、内容跨模态检索与运营全流程需求。

内容库:作为统一内容存管基座,具有上传/导入、预处理、存管、内容标准化以及多模态检索能力、多渠道应用能力,利用 AI 及大数据技术赋能媒资管理,通过媒体智能标签与编目、视频质检,产出高质量的结构化媒资数据,实现内容资源的标准化与工业化管理。内容库为媒资跨模态检索、内容选题、创作发布等提供强大支撑。

应用工具箱:作为媒体内容中台的上层应用呈现,是面向融媒体客户的

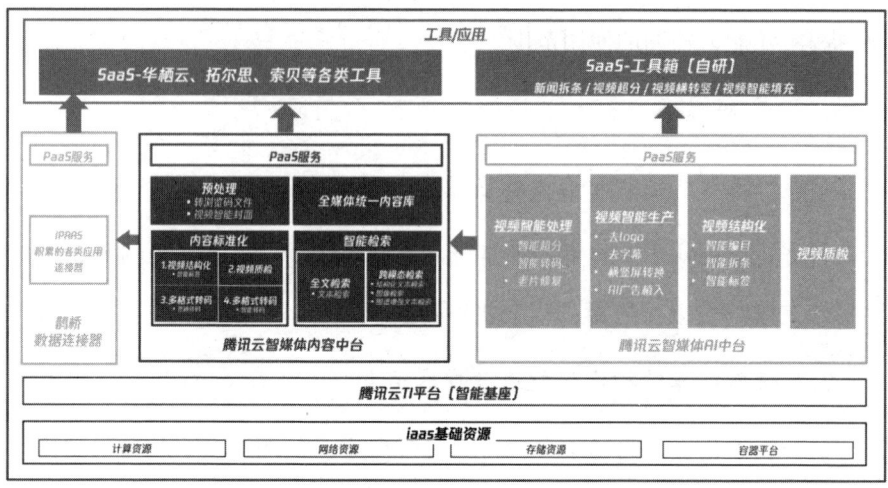

图3-53 腾讯云智媒体中台

从业者所设计的具有人工智能技术辅助能力的工具应用集合。媒体从业者用户可不开发、不修改其既有系统,就能方便地获得AI辅助加工融媒素材能力,利用AI技术赋能视频内容生产及渠道传播,实现智能分析、机器创作、快速剪辑、云端操作、无缝对接多种传播渠道,提升生产效率,使一线生产人员聚焦业务热点,在创造性的工作上投入更多的精力,专注内容创作。应用工具箱的工作区域可实现平台内自闭环,与媒体内容库各类素材库联动,独立数据库管理,将媒体能提供的社会服务与其业务目标解耦。

(四)方案优势

腾讯云智媒体内容中台解决方案在AI与行业应用场景深度结合背景下,在内容汇聚与跨模态检索、内容工业化标准处理、AI生产工具生态构建方面具有显著的竞争优势:

一是提供内容统一纳管,实现输入、浏览、交换、发布格式并输出、内容检索、下载、入库等业务要求的全流程PaaS服务,方便各类工具箱/应用/连接器的调用。

二是基于腾讯云智媒体 AI 中台能力自研工具箱与基于腾讯千帆 iPaaS 企业连接器集成第三方的内容生产与运营工具,快速、低成本地打通生产工具与媒资系统,满足各类客户对生产工具高效集成的诉求。

三是充分利用 AI 应用服务和视频处理能力,对库存内容进行"工业化"标准处理,使优质资源获得更为全面、精准、多维的描述,让内容具备商品属性,降低内容运营人力成本,提升资源组织效率,挖掘内容次生价值。

此外,腾讯云智媒体内容中台基于跨模态检索技术构建了启发式智能检索能力,充分发挥集市属性,向台内业务人员推荐内容资产,提高媒体内容使用率。启发式智能检索能力有如下优势:

(1)更丰富的检索手段:支持跨模态检索方式完成不同模态素材的关联,通过文本,图片(人脸、场景、地标、物体等)、视频的向量提取与匹配,构建启发式检索服务能力。

(2)更精准的检索结果:业内高质量的图像理解、帧标签技术与基于内容抽取的文本标签能力相结合,达到90%以上的标签精准率(注:实验室数据),可完成更细颗粒的素材价值精准挖掘和检索服务。

(3)更优秀的检索体验:除了传统输入式检索交互,还可以通过对标签、关键帧检索,实现精准内容和镜头级的素材关联和智能推荐,充分发挥集市属性,向台内业务人员推荐内容资产,提高媒体内容使用率。

(4)更贴合意图的排序策略:支持对多路召回(文文检索、文图检索、图图检索等)的数据进行融合排序。

(5)提供包括 AI 工作室的工作流编排引擎,支持对内容处理的流程节点编排和模板管理、对处理任务的优先级和批量管理、对后台资源及数据的管理。

第五节　新浪微博：
云为数智，赋能复杂业务场景

一、智能信息时代特征

PC互联网是网络世界的开端，那么移动互联网的兴起则是顺势而为，让网友将这无形的信息空间装进了口袋。移动互联网让信息传输呈现出便捷即时化、垂直碎片化、云端化等特点，这使得信息的传播效率、范围和影响力等都发生了根本变化。此后，随着大数据、云计算、人工智能等技术与移动互联网的叠加融合，时代逐渐过渡到了现在的智能信息时代，并主要有四个特征——场景化、智能化、万物皆媒和以人为本。

首先是场景化，场景化体现在信息传播的精准度上。比如，微博的一个用户，正在环球影城游玩，在得到用户授权后，推荐系统会根据用户所处的场景，向他推送环球影城相关的新闻、资讯、游玩攻略等。

其次是智能化，智能化体现在人与技术的全方位交互上，通过数据建模、算法训练、机器学习等工作，实现人机协同的良性互动。

再次是万物皆媒，万物皆媒主要体现在信息传播终端的变化上。现在获取信息的渠道已经不仅仅局限在手机上，智能家居、智能穿戴、车联网等都成为获取信息的通道。这些智能设备厂商、智能汽车厂商，自然就成了媒介的组成部分。

最后是以人为本，这也是对以上三个特征的总结。无论技术发展得多么先进，最终都要在人类社会中落地，都必须考虑终端用户的需求和体验。

所以，只有以人为中心的 AI 发展道路，才能让技术真正成为人类的伙伴，帮助生活更加美好。

从 2020 年开始，元宇宙引发了广泛的讨论，包括数字孪生、数字人、XR、区块链技术等，包括微博在内的很多公司也都在进行布局。目前基于 AI、区块链、XR 等前沿技术的应用场景，已经体现了一些元宇宙的雏形，如游戏、社交等领域，都是元宇宙非常好的应用场景。在未来，通过技术突破元宇宙将会成为一个全新的生态，引爆全圈层参与元宇宙的热情。

二、依托技术创新赋能多场景应用

当前我们处在智能信息时代的浪潮中。新一代智能信息技术蓬勃发展，协同创新所驱动的智能经济打破了原有的社会联结架构，相应的技术也驱动着互联网生态格局发生着巨变。

微博搭建的技术架构，也是以云计算为基础、以大数据为依托、以人工智能为中枢的技术架构，用来应对微博众多且复杂的业务场景，如微博的社交关系、用户的多元兴趣以及全民关注的热搜产品等。在这些复杂业务场景背后，起到至关重要作用的则是完备的技术研发团队对于技术的创新赋能。下面将围绕热点应对、算法推荐、内容安全这三个方面来讨论微博的实践创新。

(一) 云计算架构的技术创新，助力微博从容面对热点洪峰

1. 云计算发展历程

首先 IT 建设的发展过程是不断突破的。IT 建设所依赖的基础资源经历了从服务器到云化资源的发展历程，目前正在快速进入云原生阶段。在服务器阶段，IT 建设的特点是以硬件设备为中心，业务应用随不同厂商设

备、操作系统的差异化进行定制;设备的安装和调试,应用的部署和运维,基本靠人力完成,自动化程度低,缺乏统一的设备和应用管理能力。

在云化阶段,传统模式下分布离散的设备被统一起来,实现了各类资源如计算、存储、网络的池化。然后企业通过统一的虚拟化平台,为上层业务提供资源管理接口,实现资源管理能力的自动化,从而屏蔽一部分基础设施的差异,使得应用的通用性增强。但因为云平台软件的差异化,这个虚拟平台无法在不同云厂商间进行能力共享,所以企业的应用部署还是以资源为中心。

在云原生阶段,企业的关注点开始从以资源为中心转移到以应用为中心,包括应用快捷交付、快速弹性、平滑迁移、无损容灾等。因此,企业开始考虑如何将基础设施与业务平台融合,为业务应用提供标准的运行、监控、治理平台,并将业务的应用能力下沉到平台侧,更好地帮助企业实现应用的自动化。微博目前就处在从云化向云原生转变的过程中,其通过技术创新,在快速弹性和资源容灾等方面都取得了很好的效果。

2.热点应对给微博带来的挑战

热点应对一直是微博业务中面临的最大挑战,微博作为全民关注的社交媒体平台和舆论广场,全社会的重大事件都会在这里发酵,很多事件都成了全民关注的超级热点,这些热点事件通常是不可预知的。以 2022 年全民关注的"唐山事件"为例,事件当天的热点流量较日常流量峰值翻了一倍。如果按常规方案,微博除了采购应对日常流量的服务器之外,还要额外常备大量的服务器以应对这种突发热点,这会造成日常服务器大量闲置,付出较高的成本。

因此,如何用更小的资源成本,应对突发的热点流量,这是微博面临的首要挑战。同时,随着微博用户体量的不断增加,微博上面的热点越来越多,而且用户逐渐养成了来微博消费热点、"吃瓜"的习惯。进而带来的是热点流量越来越高,热点流量洪峰到来的速度也越来越急。如何更快地把扩容服务器部署到线上,这是微博面临的次要挑战。

3.混合云平台解决方案

微博很早就应用了微服务+Docker容器化技术,提升了服务运维的效率,实现了服务动态扩缩容能力,并且搭建了以"私有云+公有云"为资源底座的混合云平台,通过这个平台抹平了自有实体服务器和多个公有云资源的差异,实现了高效的弹性部署和自动扩缩容能力。当前微博已具备10分钟调度超过一万台服务器的扩容能力,用较低的成本获取足够的服务器来应对热点流量,从而解决了遇到的挑战。

另外,微博还建立了热点监测机制和热点联动体系,并通过自研的Weibo Mesh技术,实现了不同服务间跨语言的高效调用,提升了整体服务的性能和联动扩容效率。微博从公有云获取服务器、部署服务镜像、启动服务及预热,直到线上流量承接全流程,扩容时间大幅缩短,很好地解决了次要挑战。即使面对冬奥期间多个热点事件的叠加爆发,微博也能够从容应对超级流量洪峰。

在当前技术架构下,调用公有云还是需要时间的,所以日常常备服务池仍需要一定的资源冗余,这样做能为动态扩容争取一些时间。热点来得越急,需要的冗余的资源就要越多。同理,如果能让扩容效率更高,对应的资源冗余就能够降到较低水平。针对这个问题,微博采用了在离线实时混合部署技术。利用CPU实时抢占式调度技术与容器化技术相结合,实现微博服务在离线实时混合部署能力。混合部署池变成核心在线服务的临时动态资源池,日常流量期间正常执行离线任务和服务,热点流量到来时,可以秒级承接核心服务的热点流量。

(二)利用AI新技术驱动平台业务的智能化推荐

1.机器学习发展历程

如果回顾机器学习的发展历程,可以看出AI的总体发展趋势是:训练数据的海量化及多样化,AI模型的复杂化及通用化,算力的高效化及规模化,并由此分化出四个相对具体的AI发展方向。

首先,是多模态数据融合。随着5G网络等通信技术的快速发展,图片、视频类型模态内容在网络内容中的占比越来越高,所以进行模态融合非常必要,如同时对微博的文本、图片、视频进行多模态融合,可以更好地理解微博所讲的内容。

其次,是超大规模图计算。相对其他机器学习模型,超大规模图计算有个特殊的优势:通过信息在网络中的传递,促进信息的流动、汇聚与集成,如对于行为少的冷启动用户,通过他关注列表中的人,以及这些人发布的内容,通过信息传播来推导这个用户的兴趣。

再次,是AI研发的哑铃模式。目前机器学习中的AI研发重点,一个是越来越大的超级大模型,一个是模型小型化技术。目前随着模型参数规模越来越大,模型效果越来越好,高精度模型仍然在持续增大,如2018年Google的Bert刚出来的时候,模型参数规模是3亿,不算太大,但是之后这个数字快速增长,OpenAI研发的GPT 2模型,参数规模是15亿,GPT 3模型,参数规模是1750亿,2021年Google发布的Switch Transformer,参数规模是1.6万亿。另外,虽然说模型越大效果越好,但是因为模型过大,有时会导致无法落地实际应用。所以研发的另外一个重点,是将这些大模型小型化、轻量化,如模型蒸馏、模型剪枝等技术也是业界特别关心的。

最后,是AI模型从专用模型走向通用模型。Google在2021年下半年公开的Pathways模型框架,首先提出这一构想,即希望通过构造一个通用的大模型,达到"一个模型做千万件事"的目标。其具体的思路是,不同任务数据输入后,通过路由算法,选择神经网络的部分路径,到达模型输出层。不同任务既有参数共享,也有任务独有的模型参数,通过这种方式来达成"一个模型做千万件事"的目标。

2.微博推荐业务的挑战

行业趋势之后,微博推荐业务也在考验中不断成长。在微博环境下做推荐系统,既具有鲜明的微博特色,又面临着复杂的业务场景。这种特点及复杂性主要体现在三个方面:

首先,是无处不在的社交关系。微博作为国内最大的社交媒体网络,2022年Q1财报显示,目前月活用户达到5.82亿,这样的用户规模构建起了多样的复杂网络。

其次,微博内容具有时效性强、多样性高的特色,很多网络事件都是第一时间在微博引爆的,而且作为综合媒体,微博涵盖了几十个高质量的垂直领域内容。

最后,是多元化场景的推荐需求,微博有很多场景,如关系流、热点流、视频流等,都有很强的推荐需求,要给用户分发他们感兴趣的"千人千面"的内容。

3.微博推荐业务的解决方案

微博推荐系统整体由三部分构成:内容理解、用户理解以及推荐系统。

首先,在微博内容理解方面,要想搞明白一个微博到底在说什么,仅仅理解文本内容是不够的,必须采用多模态理解技术,融合博文、图片、视频等多种媒体信息。结合微博特色,微博训练了自己的多模态预训练模型,通过"对比学习"这种自监督学习方法,来进行多模态预训练。模型可以利用微博自带的"话题"来自动构造训练数据。比如,可以把两个都写着"训练中的拉什福德"的微博当作正例,随机选择一些不同话题的微博作为负例,这样就能自动构造训练数据。对于某条微博,其中的文本内容通过Bert编码,图像和视频内容通过ViT编码,然后通过fusion子网络进行信息融合,形成微博的embedding编码。这是一种预训练过程,经过预训练,学好的微博编码器可以拿来对新的微博内容进行多模态编码,形成embedding,应用在推荐等下游任务中。

在微博用户理解方面,推荐模型采取了超大规模图计算,来更好地理解用户的阅读兴趣是什么。微博的社交媒体属性天然匹配大规模图计算,可以表达用户之间的关注关系、用户和博文的转评赞等互动行为。以用户和博文作为图中的节点,以用户间的关注关系、用户和博文的阅读及转评赞等互动行为构造图中的边,建立起包含10亿规模节点、100亿规模边的超大规模图。推荐模型通过大规模图计算中的信息传播、汇聚和集成,形成表现用户兴趣的embedding向量,可以更好地理解用户兴趣。

当理解了微博在讲什么,理解了微博用户的兴趣,微博就会通过推荐系统,将高质量的微博个性化地分发给对此感兴趣的用户。微博在多元场景中都有推荐需求,如推荐流、关系流、视频流等,每个场景都需要个性化的用户体验。那么,如何在这种复杂场景下构造高效率的推荐系统呢?微博采取了多场景建模的方式,希望只构建一个推荐模型,用它来服务多个场景。推荐系统通过网络参数在场景间共享,或者场景自己独享私有网络参数,来体现场景的共性与个性。比如,在模型的底层特征输入层,以及网络中间的一部分"专家子网络",这些网络参数是各个场景共享的;而其他子网络参数则是某个场景所独有的。通过这种方式,推荐系统就可以兼顾场景的共性与个性,能够通过一个模型服务多个场景,节省模型资源。

(三)微博在内容安全层面的技术创新和应用

微博结合自身复杂的业务场景,自研图神经网络的分布式训练框架,结合对比学习,对用户特征和社交图网络编码,学习用户高阶特征。由于海量标注数据的成本非常高,微博基于无监督的方法,学习用户的 embedding,构建了用户图网络模型;然后基于小规模的标注数据进行监督微调训练,支持离线挖掘、实时预测,实现了对潜在风险信息的主动预警。

另外,在日常的运营中,微博严格贯彻执行《网络安全法》《数据安全法》《个人信息保护法》等法律法规和相关管理规定,投入大量资源,对有害信息、不良信息进行清理整治,以净化网络环境。随着治理的不断深入,黑灰产也呈现出激烈对抗的态势,违规图文信息更加多样、手段更加隐蔽,推荐系统难以通过单模态判断有害信息,所以必须通过图文多模态算法,利用 NLP 模型(如 Bert)和 CV 模型(如 VIT),深层次融合图片+文本特征,然后通过特征融合网络进行编码,对内容合规性作出及时有效的评估,从而有效控制黑灰产的违规行为。

此外,为了进一步贯彻落实 2022 年"清朗"系列专项行动的相关要求,全面整治饭圈拉踩引战、网络暴力等问题。推荐系统依托海量的微博文本语料,自研预训练模型,对站内数据进行深度语义理解、情感分析,建立了性别对立、粗俗冒犯、网暴预测等方面的识别能力,对可能遭受言论攻击的用户进行保护,帮助国家和社会来营造安全、文明、和谐的网络生态环境。

曾有人说,算法没有价值观,但微博认为,算法的价值观体现的是背后掌握算法的人的价值观。所以多年来微博也一直践行着这样的价值理念,用资深的运营团队和审核团队,努力去训练 AI,努力使算法具有正确的价值观。技术的发展速度有时超乎想象,曾经畅想的未来已经站在眼前,无论是互联网企业还是传统企业,都应该在万物互联的格局下,重新思考未来的发展战略,用 AI 思维去思考,用更加开放的心态与新技术去融合,让云计算、AI、大数据等技术成为发展的基础底色,为社会创造更大的价值。

第六节　商汤科技：
智能视觉平台，视觉互联网时代的"水与电"

一、5G+AI+XR 引发"视觉古登堡"媒介革命

科技（计算设备、通信网络）是媒介革命的起因。活字印刷和邮政网络创造了以图书、报纸、期刊为媒介的图文传播时代；广电网络和视听技术的共振将大众娱乐带入了千家万户，客厅电视成为媒介中心；而随着移动通信网络的升级换代，以及从服务器、云计算到超算中心的计算变革，媒介形态不断更迭，经历了从 PC 到手机再到 AIoT、XR（扩展现实）的过程。

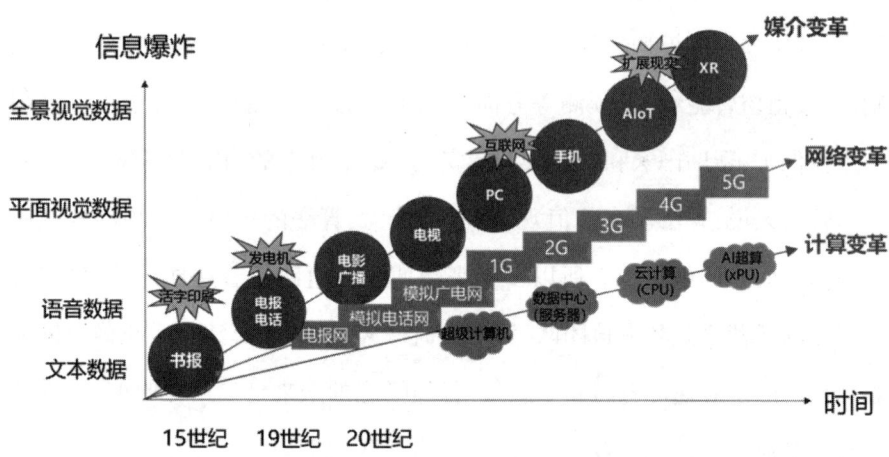

图 3-54　信息时代的发展历程

媒介变革印证了麦克卢汉的理论——"媒介是人的延伸"。随着技术的发展，人类感官体验不断被"数字化"，从早期印刷时代以文本数据为

主,到广电视听阶段语音和平面视频数据的多元共生,再到移动互联网时代视频技术和带宽的不断拓展,视频数据逐渐成为主流,中国互联网络信息中心发布的第 45 次《中国互联网络发展状况统计报告》显示,截至 2020 年 3 月,中国网络视频(含短视频)用户规模达 8.5 亿,视频数据在全网数据的占比已超过一半(2018 年统计)。随着 5G 带宽进一步提升,媒介终端进一步向 IoT、XR 拓展,以及随着光电传感器、3D 摄像头设备的广泛普及,愈来愈多的终端将会具备"智能视力",视频数据将会迎来下一轮爆发性增长,且呈现多模态、全景化发展。未来二十年,人类社会将加速步入"视觉互联网"时代。正如古登堡印刷技术下的图文传播推动了西方契约型社会的形成,在 5G 背景下,"视觉物联网"也将开启新商业"古登堡"革命。

二、智慧视觉平台:视觉互联网时代新商业基础设施

在视觉数据大爆炸时,智能开放平台、AI 超算中心、AI 芯片成为视觉物联网"新商业基础设施"。依靠第一代集中式服务器机房,美国世界 500 强支撑起全球商业模式;依靠第二代分布式并行 CPU 的云计算中心,FAANG、BATH 等公司支撑起网络游戏、电子商务、在线搜索等移动互联网商业模式;依靠第三代分布式并行 AI 芯片的机器学习超算中心,Netflix、抖音/TikTok、快手、B 站等正在探索视觉物联网商业模式。云边端部署的训练芯片、推理芯片,持续推动着"视频商业"的飞速进化与行业创新。正如"双 11"海量级订单数据处理催生了"云计算"平台,视觉商业浪潮来袭必将催生新一代智慧视觉计算平台,作为"视觉物联网"的新商业基础设施将加速视觉商业的飞速进化。

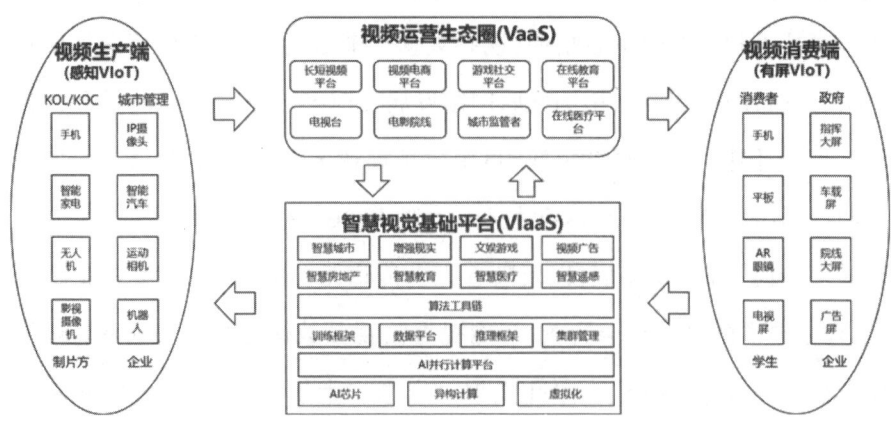

图 3-55　商汤智能视觉平台

过去 5 年,商汤在全球智能手机、智慧城市、自动驾驶、在线视频娱乐、AR、智慧医疗、智慧教育、遥感等诸多行业 AI 实战中,沉淀出业界领先的端到端开放视觉计算平台,依托强大的算力底座、深度学习训练框架、视觉数据辅助标注、视觉算法工具链、分布式异构计算等能力模块,向企业提供在视觉商业场景中必需的行业解决方案。商汤自主研发的 SenseParrots 开放计算平台具有高性能、强兼容、低成本、大规模、快速部署五大特征,构建起从底层硬件到行业应用领先、成熟、稳定的 AI 生态型产品体系,并在政务、交通、电信、金融、移动互联网、娱乐文化、广告传媒、智能手机、汽车、遥感、零售等多个行业生根发芽,为所有嵌入视觉互联网系统的企业提供端到端的 AI 能力生态服务,形成了丰富多彩的中国智慧视觉商业生态圈。

三、商汤赋予企业端到端的 AI 能力

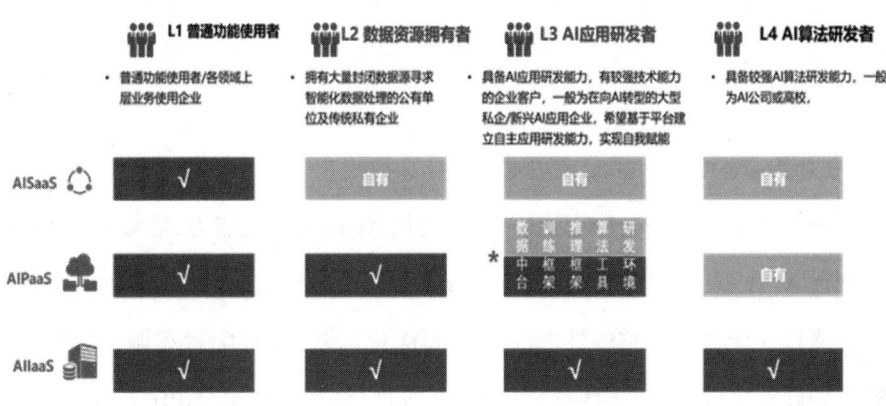

图 3-56　商汤智能产业研究院

L1 级生态用户——普通功能使用者，在面向普通功能使用者或各领域上层业务使用企业时，他们的核心诉求是希望借助人工智能技术实现在业务领域的创新，商汤基于 SenseParrots 平台，针对这类企业所共同面临的行业共性问题，为其提供 SDK 与应用解决方案，主要覆盖智慧城市、交通、地产、传媒、教育、医疗、金融等多个领域。

L2 级生态用户——数据资源拥有者，企业拥有一定的应用开发能力，但在解决实际问题时缺乏完整的 AI 技术能力支撑，或从战略层面和竞争窗口期考虑，企业也无需自建整套 AI 体系，这类企业需要商汤为其搭建底层算法训练平台，以及定制化开发算法模型，在此基础上盘活其拥有的数据资产，为企业的运营创造价值、降本增效。

L3 级生态用户——AI 应用开发者，这类用户通常为 AI 应用开发商、大型企业 AI 技术团队，在 AI 模型训练、AI 算法研发方面具有较强的技术实

力,基于AI开放平台(通用算法库、训练框架、推理框架、AI超算)建立自主创新应用,对所在行业场景进行深度定制化赋能。AI研发团队、模型训练能力是L3级用户的特征,而伴随模型训练门槛的持续降低,低代码、零代码技术工具让较少数的L3科研用户向海量L2行业用户普及,加速了行业Know-How与AI技术的融合创新速度,提升了具有平台属性的AI技术标准化程度。

L4级生态用户——AI算法研发者,这类用户一般为AI技术/深度应用公司或高校/科研机构,L4级用户具备较强AI算法研发能力,能够自己开发和调优AI模型,自己选择AI训练框架等AI研发工具平台。这类用户的需求和痛点在于对系统整体性能的把握和优化,如何高效配置和调度特定AI计算的硬件资源,如何最优化利用网络、数据存储、服务器、GPU等基础设施资源的效率为自己的AI系统服务,从硬件资源侧提升自己模型选择、构建、训练、推理部署、应用的全周期效能,一站式自动化图形化管理AI计算所需资源。降低硬件成本、运维成本,提升AI研发迭代和优化效率,是这类用户的主要诉求。除面向下游企业用户的AI赋能,平台还赋能上游合作伙伴共筑开放生态。例如,面向国内外、底层芯片及服务厂商,SenseParrots提供高兼容性及能力展示、服务的平台,基于商汤自研PPL(计算核心库)提供的强大的异构兼容性,能够兼容当前主流芯片及服务器产品,同时,为更多创新型AI芯片厂商提供技术验证环境,能够在真实环境中验证厂商产品的技术能力及产品可行性,解决新产品芯片无用户使用问题。

四、典型案例剖析

(一)案例:广电"短视频"解决方案

2020年年初,某电视台基于5G+4K/8K+AI等新技术,推出了综合性视听新媒体旗舰平台"X 视频",以短视频形态为主,兼顾长视频和移动直播等功能。媒资短视频化是广电等传媒机构的核心诉求之一。一方面,广电积累了大量包含艺人和大 IP 内容的优质视频素材,希望通过拆条等手段迅速形成丰富的短视频内容,批量供给视频分发平台,以吸引用户点击;另一方面,新的综艺、影视剧等长视频内容,也希望在制播过程中剪辑成短视频集锦,分批次地通过社媒等渠道进行话题传播和营销造势。

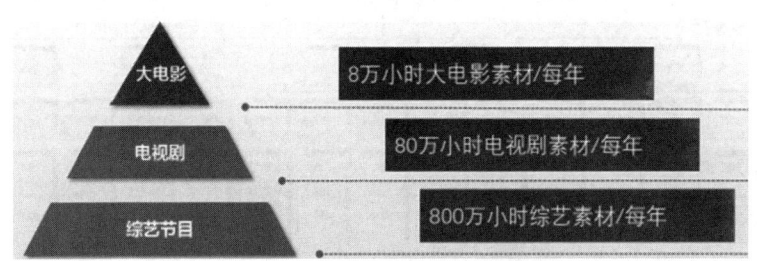

图 3-57　广电影视艺术素材量规模

面对海量媒资,目前的视频制作工具自动化程度不高,主要以人力剪辑为主,一是制作效率不高,影响制播周期;二是会造成极高的人力成本。按广电总局统计,仅素材粗筛每年就需要花费 8.88 亿元。

针对媒资短视频化,商汤依托 SenseParrots 平台,为该电视台量身打造了一款基于深度学习算法的图像视频内容解析平台,可以广泛支持广电影视、新闻、互联网直播和视频等各种场景的图像视频结构化需求。商汤提供的搜索剪辑系统,支持搜索特定人物、表情、动作、景别、物体、事件、场景、图标 Logo、文字/字幕等各类标签的视频片段,附加视频剪辑拼接能力,将长视频或原始视频素材进行自动分析、拆条,重组为短视频内容,进一步盘活广电庞大的媒资库,快速、批量生成短视频集合,供给各个平台和渠道。标签识别是视频内容解析能力的核心要素。

在传媒领域,由于节目内容的快速迭代,标签及需要识别的对象也日趋复杂，包括舞蹈、动作、Logo、艺人等，商汤需要对新标签做出快速响应，对老标签进行及时更新，以满足视频搜索和制作的高精准度需求。这背后需要依托强大的计算平台作为载体，通过对海量的视频原始数据的处理、标注、模型的训练、部署到应用的全流程支撑，满足标签识别等算法模型的快速产出、迭代，最终在应用端实现高精准度要求。

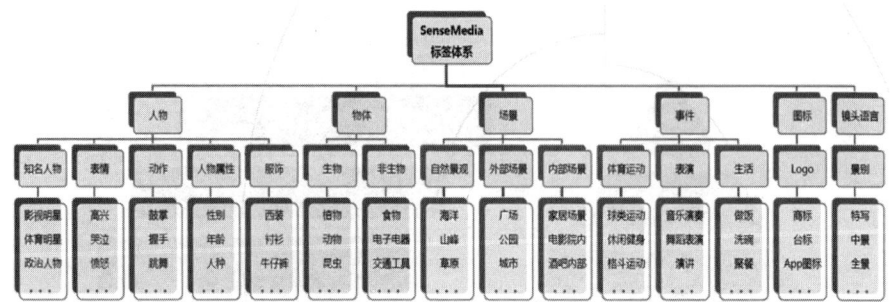

图3-58　多层次、多维度视频内容的标签体系

在未来企业竞争中，"AI+"将是企业标配，而对于不具备AI研发能力的企业，尤其是中小企业，或者短期内从成本考量，暂时不需要自建AI团队的企业而言，通过直接使用平台提供的AI应用服务，可以快速拥有AI能力，在业务创新上获得一定势能。广电可盘活媒资库存，快速、高频地制播短视频，通过视频分发平台吸引用户流量，最终实现商业价值的变现。

(二) 案例:智慧媒体能力平台

某广播电影电视集团的智能媒资及内容大数据公共服务平台项目，采用了商汤科技的SenseMedius智慧媒体能力平台，通过视觉场景及物体识别、OCR文字识别、自然语言处理等人工智能引擎，结合大数据和云技术，高效利用了几十年来对该区域的政务、民生、经济、文化等各领域持续进行视音频内容的记录、传播和运营的优势，成功打造了高度完善的智能中台、内容中台及数据中台。

SenseMedius 智慧媒体能力平台，依托领先的原创 AI 技术，能够实现视频图像内容多模态智能解析，从而全面提高从媒资处理到内容生产，再到后期审阅的全流程工作能力及效率，助力打造 5G 时代传媒行业的"AI 新基建"。通过图像识别、融合推理等 AI 技术，该平台对集团历史媒资素材进行自动化拆条、字幕识别、通用场景和物体识别等处理，对处理结果进行融合推理分析，形成高质量的标签。最后通过该集团六大领域、22 大分类标签体系进行智能标引归类管理，将标签成果向节目生产端和新媒体端推送，赋能新的生产能力，同时减少人工编目投入，节约资金，提升全集团的业务生产效率，增强行业竞争力。

该项目具有以下 5 个创新点：

(1) 将几十年来内容生产制作、传播、运营的独有优势和智能化驱动的内容大数据体系相结合，对在视音频内容中出现过的任何一个人物、地点、事件等进行智能识别和内容数据的自动化归集，单一的视音频内容经过这种持续的、智能化的梳理后，可对上述任一实体进行高洞察力的画像。

(2) 是结合多租户技术的、分布式微服务化的、共享硬件资源的智能媒资融合生产平台。

(3) 利用神经网络算法和机器学习建立具有该集团特色的智能自有编目网络模型。

(4) 采用图像分析、场景对比等技术，结合融合推理，将非结构化视音频节目结构化拆分。

(5) 基于大数据挖掘及 NLP 分析，建立专业领域词库，结合 AI 引擎建模，提取具有该集团特色的专属标签，构建知识图谱，深度参与智慧城市、工业互联网的产业运营。

该项目还将带来 3 个层面的改变：

(1) 产品内容优质化：以智能化和 4K 为抓手，提升自主内容制作竞争力,避免内容制作能力的"空心化",并通过结合 AR/VR/MR 等虚拟现实、增强现实、混合现实技术将传统视音频内容制作能力拓宽到游戏、数字孪生、智慧城市、工业互联网等领域。

(2)生产过程高效化:以智能化驱动短视频自动化剪辑工具的开发和完善,通过通用场景和物体的视觉识别,可以广泛地积累各类视觉标签,再通过精细化的视频剪辑、专家经验总结和脚本编排,生成相对实用的短视频智能化剪辑平台,扩大产能。借助机器视觉识别,持续对自主版权内容进行智能翻库,建立丰富的、有应用场景的多维度视觉标签体系,每条内容产生 5—10 条左右的高质量标签,将这些标签转化为专题聚合页面,可以将新媒体端可被推送的页面数量增加 5—10 倍。传统的人工标引编目一般要在内容发布后 5—7 天完成并进入可使用状态,引入智能处理后,其最快可提升至 5 分钟左右。

(3)作业结构创新化:通过智融媒服务平台的智能标引功能,智能处理编目、检索、编辑、发布,在工作角色方面新增了标签数据工程师,引入了数据标注审校工作者;减少了传统手工编目人员,使工作人员的重复性工作大幅减少,能够节省 90%以上的时间成本和 50%以上的人力成本。

第七节　字节跳动火山引擎:算法驱动,高效实现信息找人

一、火山引擎的智慧融媒服务

火山引擎是字节跳动旗下的云服务平台,将字节跳动快速发展过程中

积累的增长方法、技术能力和工具开放给外部企业,提供云基础、视频与内容分发、大数据、人工智能、开发与运维等服务,帮助企业在数字化升级中实现持续增长。目前,国家对网络强国建设作出了总体部署,对数字经济发展提出了明确要求,有关互联网发展及数字化、网络化、智能化的建设正在积极有序推进。我们同时要看到,文化和科技深度融合仍面临许多新的挑战,科技对文化建设支撑作用的潜力还没有充分释放,相关部门和地方对文化和科技融合的重要性和紧迫性的认识尚需进一步提高。

基于抖音集团在泛资讯、短视频等领域的运营与技术实践,火山引擎聚焦传媒业务的智能生产、内容分发、运营协同、用户洞察等场景,打造视频化、互动化、智能化的媒体数字化运营体系,开启资讯内容生产与传播的智能化进程。火山引擎形成了四中台、四应用的融媒服务框架体系,并以此为基础支撑传媒、泛互联网、汽车、金融、文旅、零售等诸多行业数字化、智能化的业务需求。

(一)四个核心中台

视频中台:在数字化时代,视频作为信息传播的重要载体,在互联网娱乐、社会活动、商业连接、信息传播、知识传递等领域广泛应用。从商业活动到社会生活,视频已经成为连接个人、家庭、社区、企业的重要纽带。火山引擎视频中台为媒体传播提供了丰富的视音频制作、存储、处理、理解、分发、分析、审核、检索等全链路能力,为媒体传播提供了高清化、互动化、智能化的内容服务。

数据中台:为满足传媒企业自身媒体传播的市场定位及构建全媒体内容生态产业链整合服务平台的愿景,火山引擎将离线大数据平台、实时数仓、数据集成与开发、数据智能化运营等多个领域技术对外进行开放,将字节跳动体系内的大数据技术、数据驱动方法、数据产品应用等能力赋能媒体,打造信息与人的连接服务。

人工智能中台：随着 AI 技术的普及，视音频内容生产会应用大量 AI 技术，如老片修复、画质增长、内容审核、音色复刻、智能封面与字幕等。火山引擎的人工智能中台以支撑大规模的机器学习底座为基础依托，在此基础之上构建了人脸识别、图像识别、语音识别、自然语言处理、个性化推荐等一系列典型的 AI 算法构建与发布能力，并结合大小屏端上的互动需求构建了千人千面、美颜滤镜、特效贴纸、虚拟数字人等诸多应用场景。

研发中台：以容器化为基础的研发中台技术栈，支持传媒应用逐步转向互联网化的现代应用架构。其通过容器的标准化实现不可变基础设施，提升了传媒业务的可维护性和鲁棒性。其为运维研发提供了强大的代码编辑、开发运维（DevOps）、研发项目管理与代码托管的一站式服务平台。

（二）四个应用场景

智能创作服务：智能视音频创作通过将视频、音频与其他多模态技术结合，输出系列智能创作工具，赋能内容创作和互动，让内容消费和创作变得更简单、愉悦和多元化。其通过提供各类 AI 赋能的创作工具、编辑技术、正版素材和创作内容、流程管理，降低创作门槛，提升创作效率和质量。

智能传播运营：以利用 AI 技术帮助新媒体业务提升用户体验、促进传播运营为目标，从基础设施层面、视频体验优化层面、内容管理运营层面、内容智能分发层面四个维度出发，提出解决方案，加强融媒体的平台融合、内容融合和能力融合，扩大传播效应。

智能体验升级：充分利用直播、XR、VR 和 AR 虚拟视觉技术等创新内容宣传形态，突破时间和空间限制，打造文宣产品的互动感、科技感和沉浸感，以特色化、多样化的创意表达呈现不同视角以适应新时期媒体传播的新需求。

智能数据洞察：火山引擎立足媒体多元业务场景，以套件式的产品组合、数据分析、画像标签、智能洞察、A/B 实验等多种能力，实现"分析—

落地—评估—优化"的数据闭环,一站式解决数据应用需求,真正落地数据驱动业务增长模式。

二、媒体传播的发展趋势

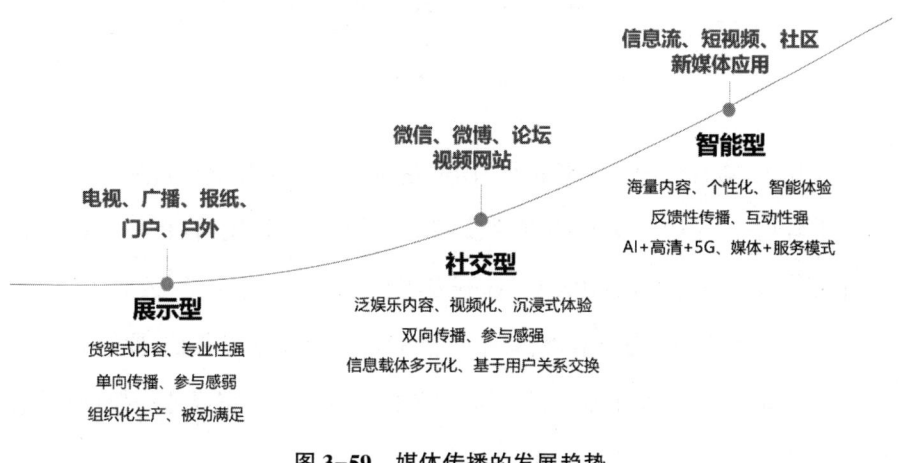

图 3-59 媒体传播的发展趋势

(一)智能视觉

抖音、头条、西瓜等业务使用了推荐、广告、搜索、创作和 VR 等技术,这些技术都应用到了 AI 技术。如何让 AI 技术在不同业务中得到充分的复用就变得很重要。目前,承载字节系旗下产品 AI 能力的火山引擎主要提供两个产品路线:AI 开发平台以及 AI 开放平台。

1.AI 开发平台

AI 开发平台又称机器学习平台,该平台可提供相应服务,解决用户自建成本高、维护门槛高、效果不佳、技术要求高(数据源如何迁移、样本如何标注、模型如何训练、训练过程监控等)的难题。2017 年,字节跳动人工智能实验室(AI Lab)正式成立,为实现更完善的资源管理目标,字节跳动开始着手构建 AI 开发平台。

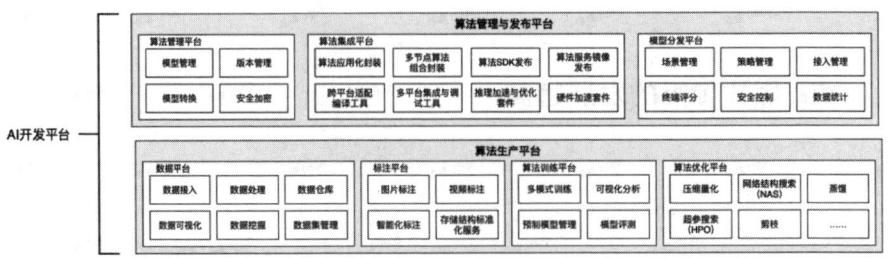

图 3-60　AI 开发平台

这几年，随着资源池不断扩展，团队逐渐发展，AI 开发平台从一开始仅有几十台物理 GPU 开发机，到现在支持着万级 GPU 调度，仅单一集群就有着几百台 GPU 机器。在架构上，AI 开发平台确定了"高性能+云原生"的建设目标：在底层物理资源池中，一个集群就是一个高性能集群；要兼顾多个团队的需求，通过云原生基座进行资源调配与调度。为完成这一架构目标，字节跳动 AI 开发平台进行了多个实践。

模型训练平台：模型训练底层资源池选择了 NVLink V100+100G RDMA 网络，以加速分布式训练任务，确保不同团队智能模型开发、运维工作流的高效敏捷。

模型推断平台：提供服务上线、水平伸缩、灰度发布等能力，以打通模型训练管道。其最核心的资源调度同样进行了特别的优化：通过容器云进行调度任务，镜像打包模型代码，分布式存储数据集；多卡、分布式的训练任务将优先满足机内总线和集群网络拓扑；推断服务支持多个小服务共享同一块 GPU，GPU 成本进一步降低；推断资源池能在闲时拆借资源，用于训练任务，有效实现潮汐资源调度，GPU 利用率得到极大提高。

2.AI 开放平台

AI 开放平台是集成了 AI 算法、算力与开发工具的平台，通过接口调用的形式使企业、个人或开发者可高效使用平台中的 AI 能力,实现 AI 产品开发或 AI 赋能。目前火山引擎 AI 开放平台已经具备三大能力栈:视觉智能、语音智能、语义智能。AI 开放平台原子力包括视觉、语音、NLP、机器翻译等多个种类在内的海量 AI 原子能力。

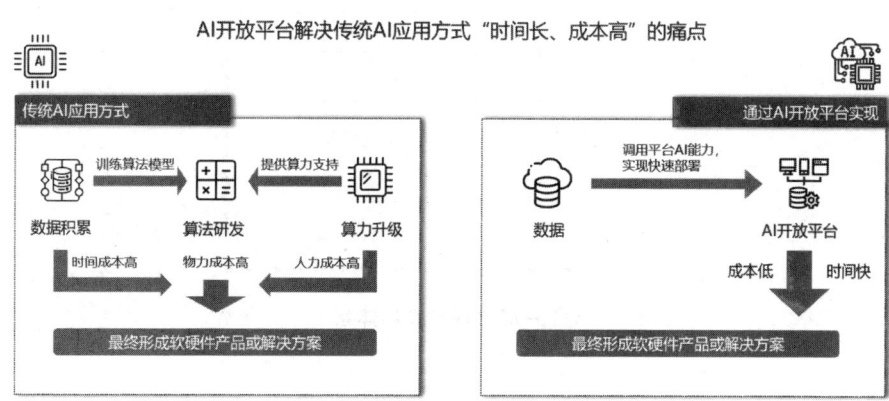

图 3-61　AI 开放平台的实现方式

经过字节系多年的多场景和多产品验证,用户/内容/场景/数据/算法已经形成闭环;全栈式能力输出,场景覆盖人像、图像、OCR、视频等,全面赋能企业数字化转型及开发者。

(二) 视觉智能

以人像技术为例,视觉智能可基于人脸关键点及检测算法,支撑特效基本盘,为人脸贴纸、人像美化(美颜美妆)提供基础能力,同时赋能安全认证业务,通过活体检测、人脸比对、人证比对等功能,确保用户身份的真实性,为金融、直播等行业降低业务风险。其应用场景如下:

1. 美颜美妆场景

通过对人脸五官及轮廓自动精准定位及关键点识别,视觉智能可对人脸特定位置进行修饰美颜,实现特效相机、动态贴纸等互动娱乐功能;或对

图 3-62 视觉智能体系

人脸五官及面部特征进行精细化分析,助力美妆医美行业营销和零售场景创新。

2.身份认证场景

视觉智能可应用于判断用户信息真实性,可支持互联网娱乐行业主播身份认证、出行行业司机身份认证或金融场景远程开户、在线支付等业务。以视频技术为例,其分为视频内容理解——基于深度学习技术,对视频内容进行视频镜头分析和抓取,提供视频摘要、高光提取、内容理解等能力;视频内容生产——通过计算机视觉与深度学习技术,提供视频画面及内容的编辑、增强等能力。其应用场景主要集中在安全审核领域。

3.长视频剪辑成短视频二次分发传播、视频拆条、推广投放

视频内容摘要:视觉智能可将视频按照镜头拆分,聚类计算出整个视频中最具代表性的若干个镜头,拼接为指定长度的视频;对影视综、游戏等常见视频类别进行高光片段检测,获取长视频中精彩的片段。其还支持返回

高于阈值的精彩片段,或者返回目标长度的精彩片段。

4.广告场景、艺人融脸、动漫CG、春节拜年

视觉智能基于3D人脸/GAN等计算机视觉技术,将用户脸部自然融入素材,构建完善的视频人脸融合解决方案。

5.针对视频网站/电视媒体,提供4K/8K能力

视觉智能利用AI/统计方法,学习海量数据里低分辨率图像到高分辨率图像映射关系,在提升视频分辨率的同时,可以改善视频清晰度和对比度,倍数放大视频尺寸并生成画面细节,全面提升视频质量。

(三)语音智能

语音智能技术主要由语音识别技术(ASR)和语音合成技术(TTS)两大技术板块组成,包括语音识别、语音合成、音频理解以及音乐智能四个应用模块,其主要能力是使设备可以用听觉感知周围的世界,用声音和人做最自然的交互,让操控和生活更为便捷。其应用场景如下:

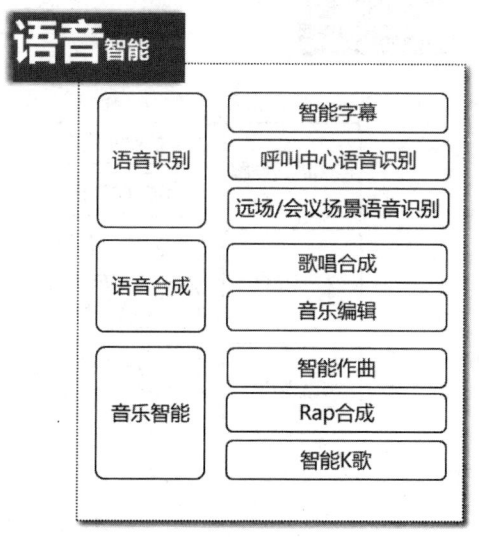

图3-63 语音智能体系

1.音频降噪和增强

语音智能自研基于深度学习的回声消除和噪声抑制算法,兼顾强降噪与高保真。其针对不同场景,采取精准优化措施,尤其在音乐场景下,可以在保证人声和背景音乐无损伤的前提下,更好地抑制噪声。语音智能可在视频编辑场景下实时降噪,提升视频音质,可实现音视频聊天、线上会议、线上课堂的实时语音效果优化。

2.声音复刻

语音智能可在开放环境中录制中等质量声音,可应用于快速复刻机主、家人、朋友的声音等。该技术可广泛应用于智能家居场景,如智能音箱、智能台灯等。

(四)语义智能

语义智能属于 NLP 技术领域的一个分支,是深度学习技术的最新演进。

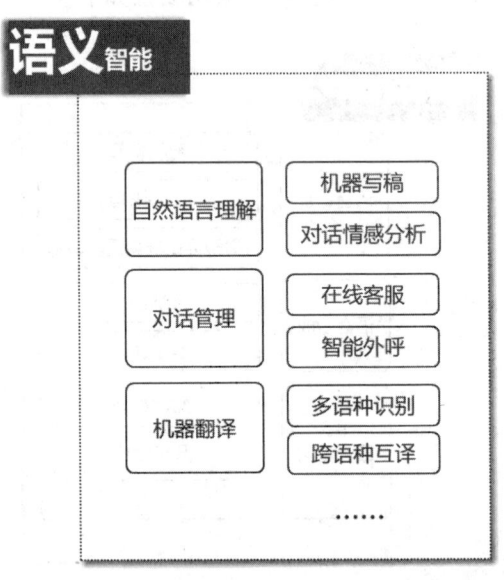

图 3-64　语义智能体系

火山引擎语义智能包含语义理解、自然语言处理、机器翻译、知识图谱四个板块。应用场景如直播翻译,借助火山翻译旗下的"火山同传"产品,可实现实时级、准实时级、轻延时级的直播翻译解决方案。其具有以下特征:

(1)高可读性:流畅输出完整字幕,免受字幕跳动干扰。

(2)高精准性:延时字幕方案,支持人工重点保障。

(3)高实时性:按时间戳逐句显示,达到"影院级"标准。

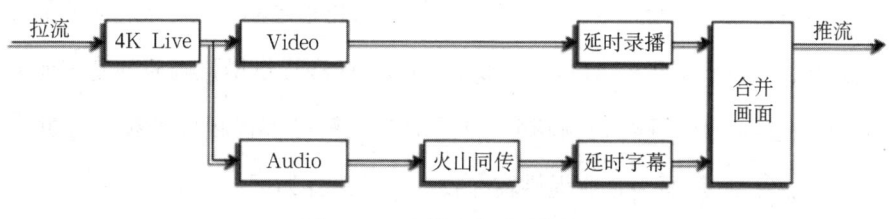

图 3-65 直播翻译实现框图

(五)智能处理

字节系基于多年对智能处理的实践经验,提炼出全流程视频前后智能处理及增强技术,针对海量多媒体数据,提供全流程视频前后智能处理,包含画质检测、画质增强、高清低码、老片修复、视频 DNA 等。为企业提供弹性、稳定的综合性服务,助力企业提高视频智能处理中多环节的效率和质量。其能力框图如图 3-66 所示。

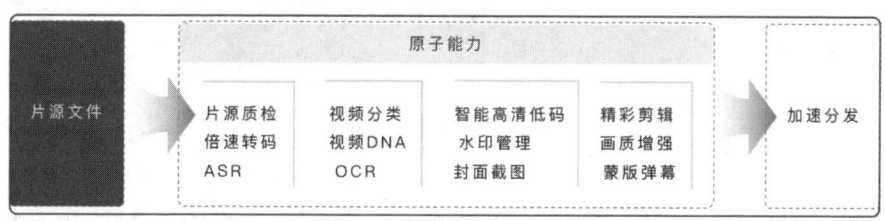

图 3-66 智能处理技术框架

字节系以百个实际业务场景中千万级用户行为数据为依据,打磨出平衡极致体验与规模化生产的最佳智能处理实践。本部分将从画质增强、视频DNA以及智能画质技术几个方面做相应介绍。

1. 画质增强

字节系版权资源存量较多,据内部数据统计,其2000年以前的视频素材占比超30%,清晰度低于1080P的视频素材占比超50%。随着国内4K甚至8K技术的发展,大众对于画质、清晰度等要求越来越高,这部分素材价值转化受阻。得益于多年的AI技术沉淀,字节系AI在提供增强画质的基础能力时,也通过算法将降噪、视频超分、自适应锐化等诸多视频处理技术一并应用于老片修复,从而为企业提供较好收益。其流程如下:

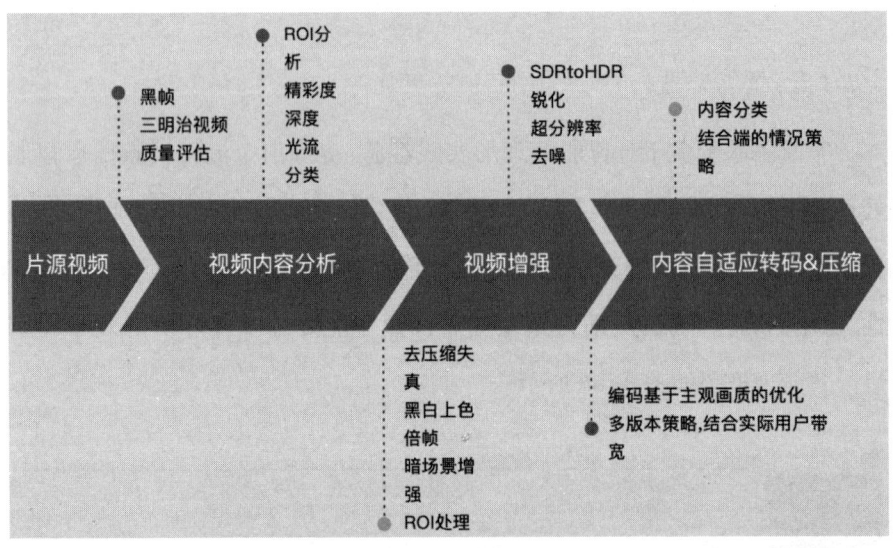

图3-67 视频智能处理

该功能特点为基于场景进行色彩标准分析总结,得出场景共性,从三个维度进行视频画面处理。

亮部:黄色>橙红色,整体提亮,还原肤色。

暗部:增加青色处理,增加更多暗部细节。

整体:根据影片类型,选择增色或降色处理,提高清晰度。

2.视频 DNA

视频 DNA 是通过抽帧计算视频的特征向量,提取出可以唯一标识视频文件的特征,具有高稳定性,有效避免视频/音频文件的格式转换、编辑、裁剪拼接、压缩旋转等操作的影响。该技术主要用于视频消重场景(原创识别、版权保护);视频重编码(分辨率更大/更小、对帧片段进行模糊化/清晰化处理);画面旋转(旋转度数/镜像);文件时长裁剪(编剪/拼接);播放加速/减速;视频内容压缩插入元素(增减文字/特效/图片/Logo 等附加内容)。

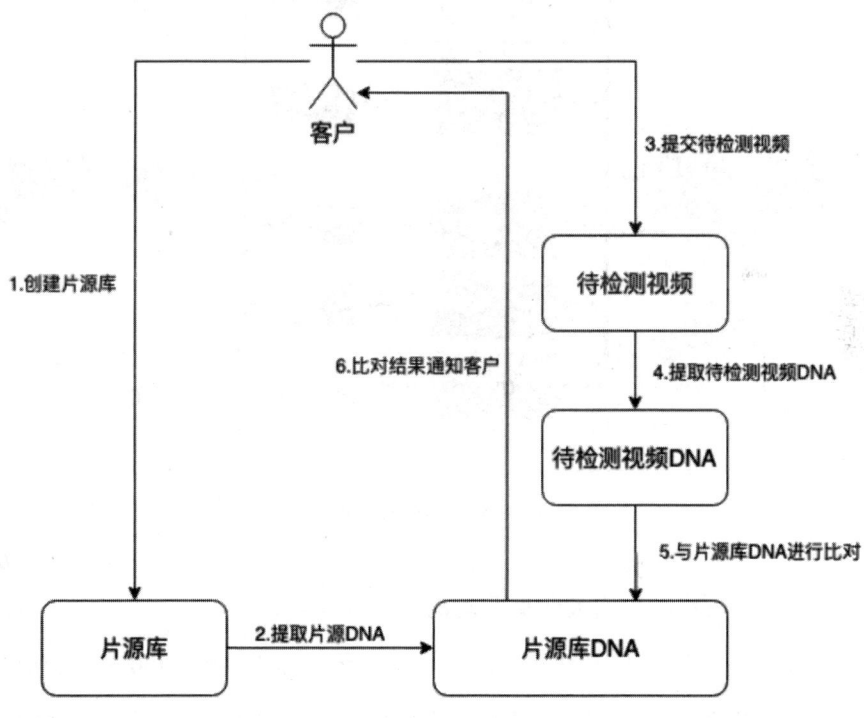

图 3-68 视频 DNA 处理

视频 DNA 以视觉技术为核心，建立海量视觉内容之间的精准匹配关系，构建一个包含 PUGC 视频、版权原片、风险样本等视觉元素的关系图谱，进而加深对内容和用户的理解，支持上层业务灵活应用。

3.智能画质技术

智能画质技术基于深度学习的视频质量评分，支持综合评分和噪声、亮度、色彩等不同维度的评分。智能画质技术用于从不同维度模拟人的感受来评价视频的主观质量，解决无参考视频质量评价指标的痛点。

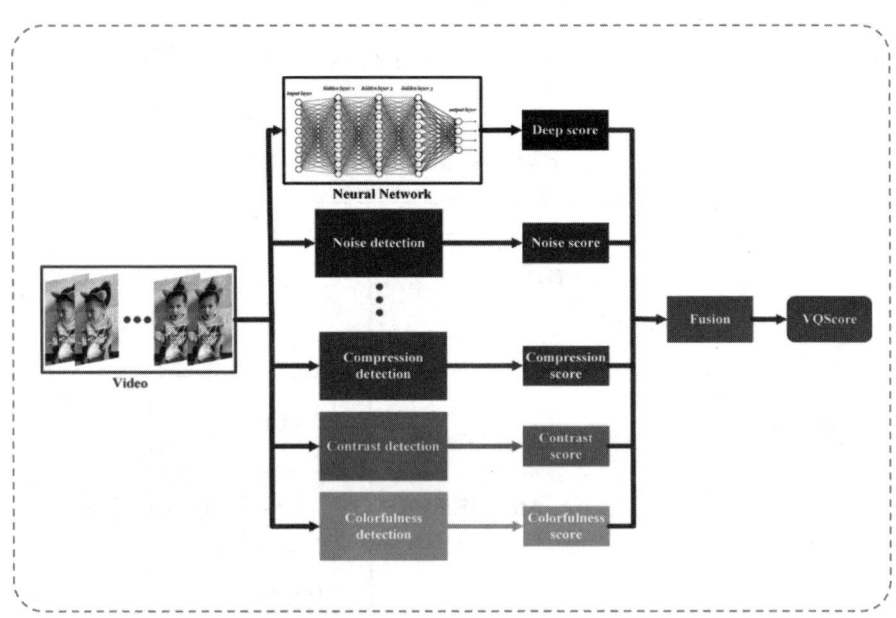

图 3-69　画质技术原理

智能画质技术使用大数据驱动的方式，收集大量视频／图像以及相应人的标注，标注通常是人对于视频的主观感受，一般分为 0—100 分。智能画质技术使得神经网络能够模拟出人类对视频的真实主观感受，对神经网络输入一个视频，可以获得相应的主观分数。智能画质技术可以帮助用户判断视频是否在可正常使用的范围内，如果需要修复应该对哪些参数进行修改,为用户对于视频质量的把控提供了数据支撑。

(六)智能创作云

2020年是中国进入视频社会化的元年,短视频、直播等形式已经为大家所广泛接受,视频作为重要的生产要素,在各行业领域被广泛应用,特别是在泛互行业(传媒、金融、文旅、零售)。泛互行业应用场景丰富,覆盖了互娱资讯、在线教育、电商、广告等多个领域。在视频化的趋势下,在不同行业的使用场景下,视频化的内容类型也不尽相同。企业在加速视频化内容生产能力建设的同时,对于提高内容生产效率和质量也有现实需求。

但现实情况是视频制作面临着素材管理难、视频制作门槛高、内容创意少、分发投放链路发散等问题。火山引擎智能创作云是针对各类行业、企业、媒体平台推出的智能内容生产和管理平台。其聚焦于泛内容领域,通过提供各类AI赋能的创作能力、编辑技术、媒资素材和流程管理,在降低内容创作者的创作门槛的同时,提升创作效率和创作质量,提供各行业、企业在内容创作上的全链条服务。

智能创作云生产链路如图3-70所示。

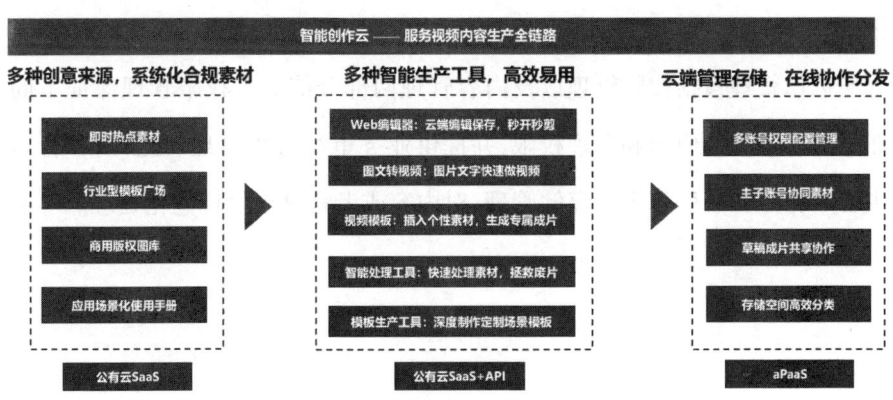

图3-70 智能创作云生产链路

其亮点功能有内容广场、图文转视频、web编辑器、电商拆条、创作管理等。

内容广场提供具有有效授权的视频、图片、音乐、字体、贴纸、滤镜、转场特效、视频模板用于用户内容创作。特别是剪映的热门同款创意模板、抖音的爆款模板，用户上传个性化图片或视频片段，即可按照模板生成具备相同转场特效、卡点音乐的视频成片。

图文转视频只需输入文章链接或文字，就可自动获取文章标题及正文，切分语句；并根据语义理解，自动匹配海量版权素材库；还可通过个性化设置配图、配音、配乐，智能生成视频。

web云编辑服务通过云端强大的计算处理能力和云端完善的视频特效渲染能力，为业务提供一套高性能、高稳定性的视频编辑创作平台。在服务端基于标准OpenAPI参数，结合裁剪、文字、特效、滤镜、贴纸、转场、字幕、配乐等物料合成视频。资讯媒体可通过web编辑器进行更加精细的编辑；电商可使用web编辑器和图文转视频，制作新媒体账号内的商品介绍视频。

电商拆条可对电商直播视频进行视频拆分、拆条，同时可对直播视频流进行高光帧提取，实时生成短视频并同步发布，将效率与时效性提升至极致。

创作管理包括权限管理以及内容管理两部分能力。权限管理保证不同账号拥有不同的使用和管理权限，并提供业务审批流程管理功能；内容管理主要对作品和草稿等进行存储管理，对内容或者素材提供标签化处理。

第四章　主流媒体智媒化创新

第一节　央视网人工智能编辑部打造智慧思政云平台

一、构建实践式、沉浸式、互动式思政育人新模式

思想政治理论课是落实立德树人根本任务的关键课程，更是为国家青年一代培根铸魂的重要举措。十八大以来，党中央国务院高度重视思政育人工作。2019年3月，习近平总书记在思想政治理论课教师座谈会上曾指出，"推动思想政治理论课改革创新，应不断增强思政课的思想性、理论性和亲和力、针对性"，既深入阐释了思政教育改革必须遵循的重要原则，也为思政课形式和手段创新指明了方向和路径。其后，中共中央办公厅、国务院办公厅《关于深化新时代学校思想政治理论课改革创新的若干意见》的印发，以及教育部《高校思想政治工作质量提升工程实施纲要》的发布，都表明思政教育改革创新发展已进入攻坚阶段，思想政治理论课亟需打破传统说教式的被动教学模式，需要通过新科技、新手段、新表达实现全新的"打开

方式"。

作为"中国网络媒体的领军者"和"全媒体综合服务国家队",央视网近年来在中央广播电视总台"5G+4K/8K+AI"战略的引领下,积极谋划布局"云、数、智"发展蓝图,依托 AIGC 平台,以技术创新为强劲驱动,打造行业化智慧应用解决方案,推出丰富的云数智技术产品集群。经过几年来的技术积累,其已逐步构建起具有市场竞争力的智媒传播和综合服务体系。面对"AI+思政教育"这一全新赛道,如何坚持守正创新,不断变革思政育人的方式方法,增进思政备课教学的效率和效果?如何以先进技术为驱动,提升思政理论的表现力、感染力、渗透力和传播力?如何因势利导,将主流价值观润物细无声地融入思政课程和课程思政的全过程?央视网通过创新打造云数智"黑科技"产品——智慧思政云平台,从先进技术赋能教育发展的视角,给出了与众不同的解题思路。

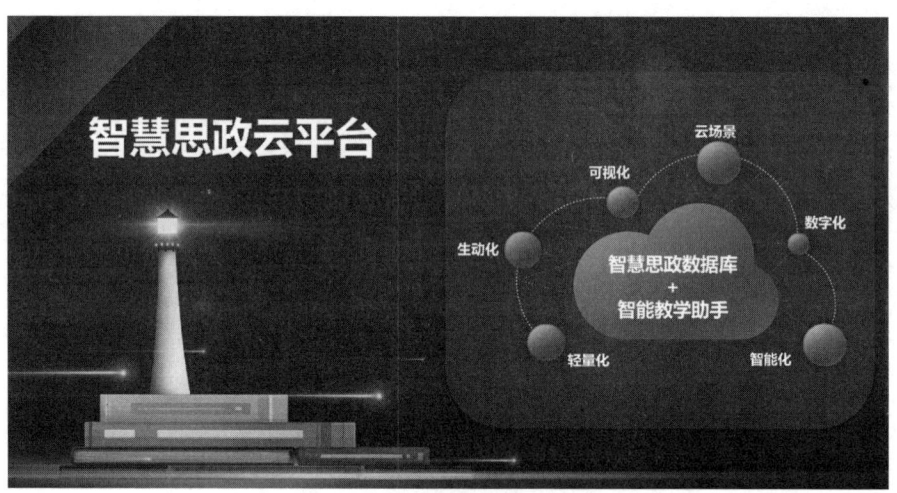

图 4-1　智慧思政云平台

二、云数智技术在思政教育上的运用

针对各级各类院校思政备课授课过程中普遍面临的难题,如网络素材资源良莠不齐、真伪难辨,素材查找与分类费时费力;内容与课程大纲缺乏关联呼应,素材难以体系化;课件缺乏感染力,学生到课率、抬头率不高等,思政教育亟需构建一套海量化、权威化、体系化的思政视频图文资源的辅助教学数据库,以及与其深度关联的轻量化智能课件制作工具,用以解决思政教学中的核心痛点,助力构建数字化、立体化的思政教材体系,探索实践式教学、沉浸式教学的思政教育新模式。

智慧思政云平台旨在充分发掘利用央视网海量数字媒资优势,探索"AI+思政教育"的新形式、新方法,综合运用大数据分析、人工智能等先进技术,系统化地满足思政教学场景中的生动教学、高效备课、沉浸学习、互动交流等实际需求,搭建以视频为特色,包含图文资源的智慧化思政素材数据库及智能课件制作工具。通过素材资源与课本大纲的紧密呼应,课件工具与资源库数据的深度链接,思政知识体系的智能化构建,有效提升思政教学备课的效率和质量,增强授课学习的实战性与趣味性,确保知识真正入脑入心。在强化精神引领,树牢意识形态的同时,拓展思政课的触达范围,推动高校思政教学模式的改革创新,促进数字化思政教育内容资源建设。

与市场同类产品相比,"智慧思政云平台"在数据资源、服务视角、价值挖掘及功能延展等方面具有鲜明的差异化优势:

第一,依托央视网海量节目资源优势及严格的内容安全审核保障,可为大中小学思政课程和课程思政提供源源不断的权威可信的素材资源。

平台中提供以视频为核心的权威可信的富媒体资源,数据素材包含新闻、评论、著作、讲稿、影视作品等多种类型。全部内容均经过AI+人工严格的三审三校,可有效确保素材的安全。截至2023年,数据库已储备10万余条数据,未来将紧扣思政教育主题要求及时政热点变化,保持数据动态更新。

第二,建成国内首个与教材精准匹配的思政教学富媒体智慧数据库,数据资源紧密呼应高校6门思想政治课程。同时,响应新时代大中小学思政课一体化建设,内容涵盖从小学到大学全教育阶段的思政课本。

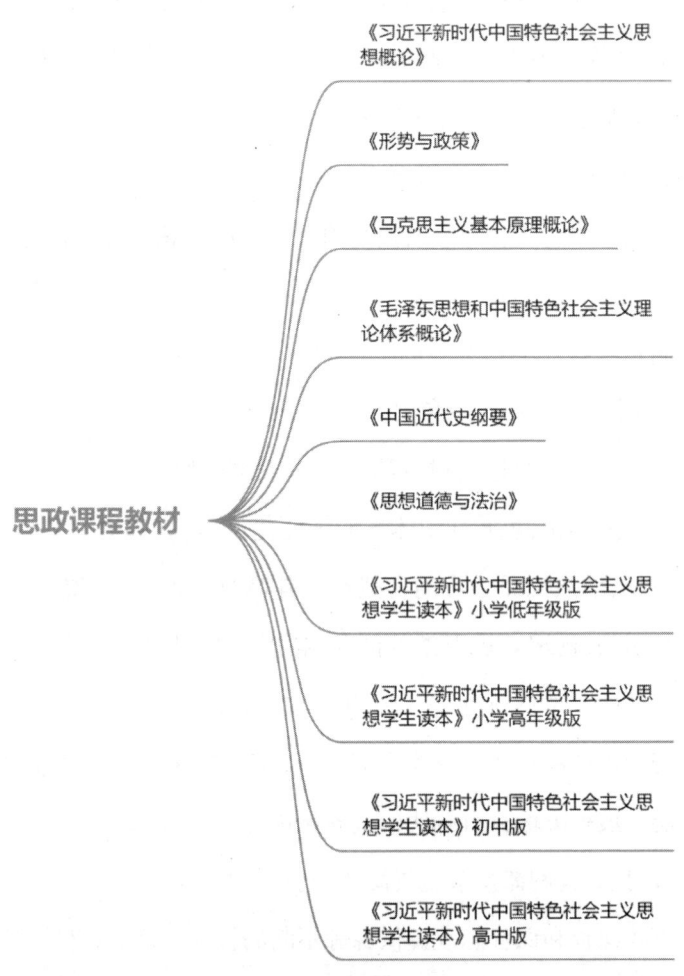

图4-2 思政课程教材框架

为满足思政备课的教学需求,平台支持按照课本的章节目录检索所需的数据资源,并可以对检索的结果进行类型筛选及排序。平台致力于建立理论知识与案例素材的有机连接,可有效提升课堂教学的趣味性与实战性,确保思政学习入脑入心。

图4-3 智慧思政云平台教材版位

第三，平台运用大数据算力和智能标签技术，基于思政理论教学知识体系建立起一套多层级的智慧思政知识库，可实现思政数据资源的多维度智能化知识聚类，充分满足教师按思政理论知识点检索素材、备课、授课的实际需求。数据之间基于知识点逻辑建立网状关联，可有效打破内容孤岛，实现内容要点的举一反三。

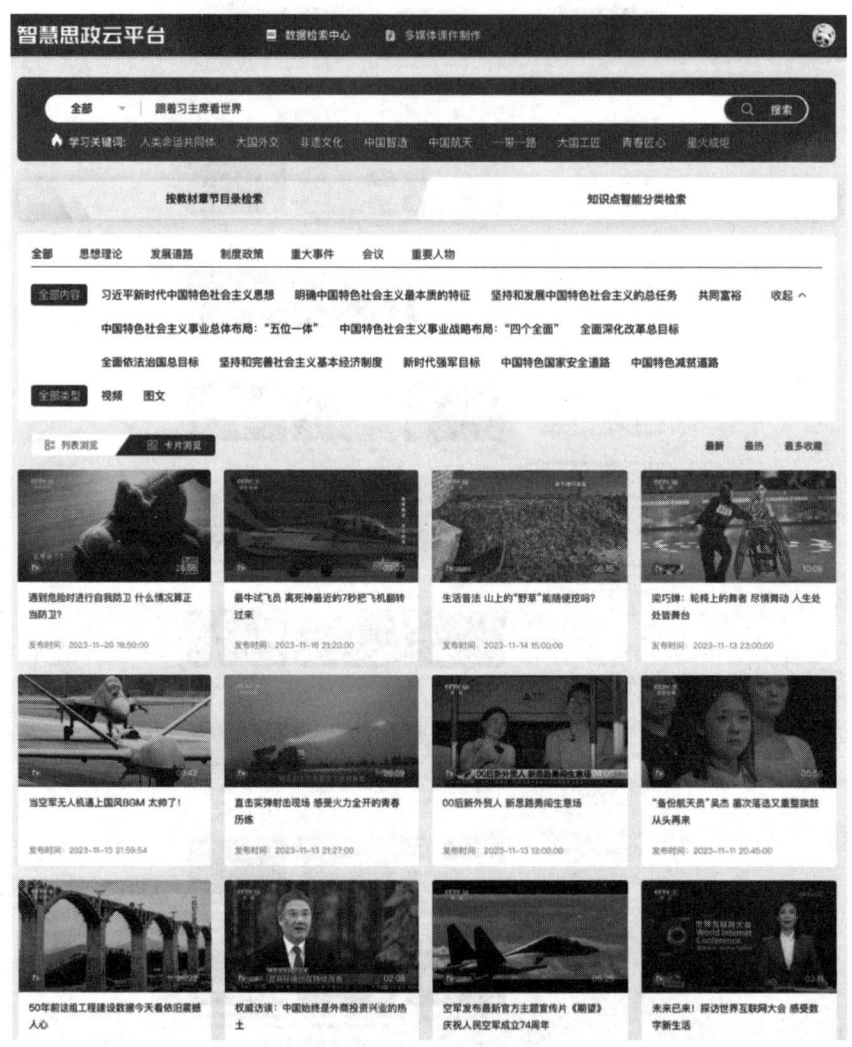

图4-4 课程体系

第四，在智能识别分析技术以及人工辅助校验的加持下，平台可完成对数据资源的深度解析与挖掘利用，实现对视频中思政知识元素的高精度提取、重要人物的智能识别、视频时间帧的快速定位、相关知识要点的聚类以及语音信息转换为文字等功能，充分满足教师对于思政素材资源的解构剖析与高效利用等需求。

在观看视频时，播放器右侧会自动提取并展示当前视频中所涉及的全部思政知识要点、重要人物、内容简介以及配音文字等信息，点击任一标签、人物或配音文字，平台会自动定位到视频相应位置并进行播放，有效降低知识点查找的难度，缩短查询时间，提升教学效率。

图 4-5　知识点标签智能识别与时间帧定位

图 4-6　人物信息智能识别与时间帧定位

图 4-7 语音转换文字智能识别与时间帧定位

第五,为满足教师高效率备课及互动教学需求,平台提供了一套轻量化的云端智能教学助手,可轻松制作鲜活灵动的主题课件,大大增强可视化、生动化、情感化的表达效果,激发学生的学习兴趣,有效提升到课率及抬头率。

(1)课件创作工具与资源库无缝连接,可轻松实现数据库资源的一键导入,有效减轻教师备课负担。教师在观看视频素材时,只需点击"将视频插入课件"按钮,即可快速将当前视频插入 PPT 课件,省去素材下载、保存、重新上传的烦琐过程。

图 4-8 课程视频模块

（2）工具模板库内置了党建类、科技类、中国风等数十款不同视觉风格的精美课件模板，教师可根据课程主题选用适合的模板，快速生成高质量课件。

图 4-9　课件模版

（3）为帮助院校严格落实教育部对课堂视频演示时长的考核要求，确保视频素材时长不超过 10 分钟，备课工具提供了方便快捷的自定义时间帧功能，教师可根据需要通过拖拽进度条等方式，自由设定视频播放的起止时间点，课件演示时将自动播放设定好的视频片段。该功能可有效缩短长视频素材的冗余时长，排除无效内容干扰，帮助教师在备课、教学时聚焦关键知识点。

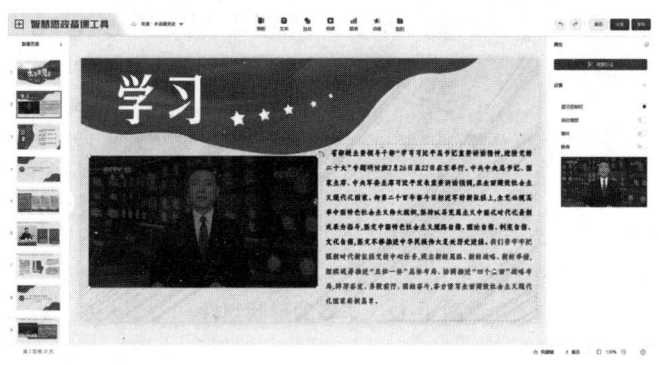

图 4-10　可自定义视频播放的起止时间的备课工具

（4）工具中内置了文本、形状、图标、动画等丰富多样的可视化元素，通过灵活设置，可帮助教师尽情发挥思路创意，个性化地展现课件的精彩内容。

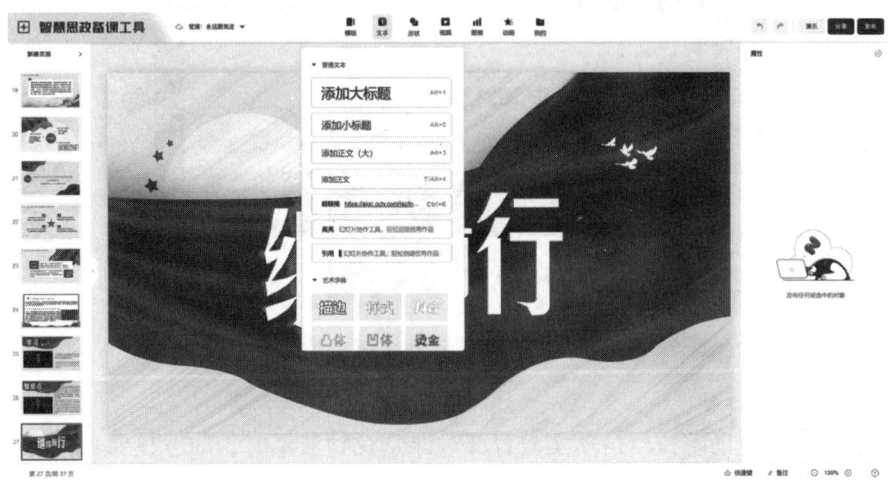

图 4-11　多样化的字

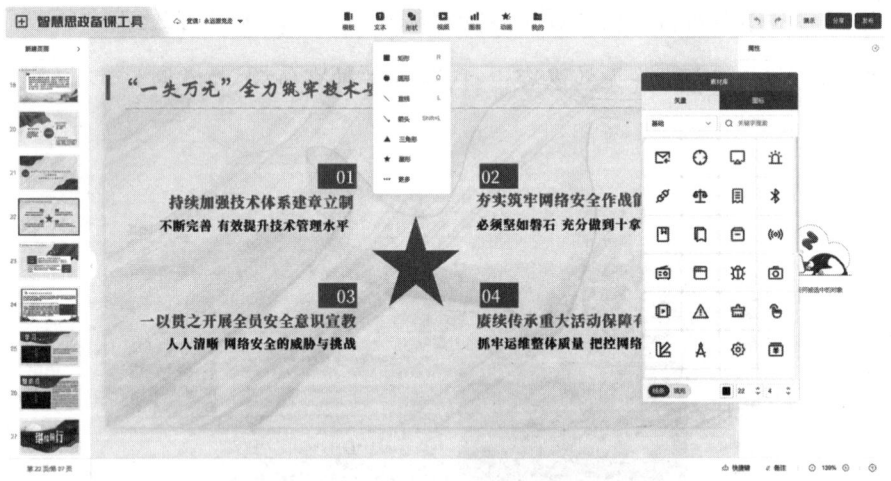

图 4-12　丰富的形状组件

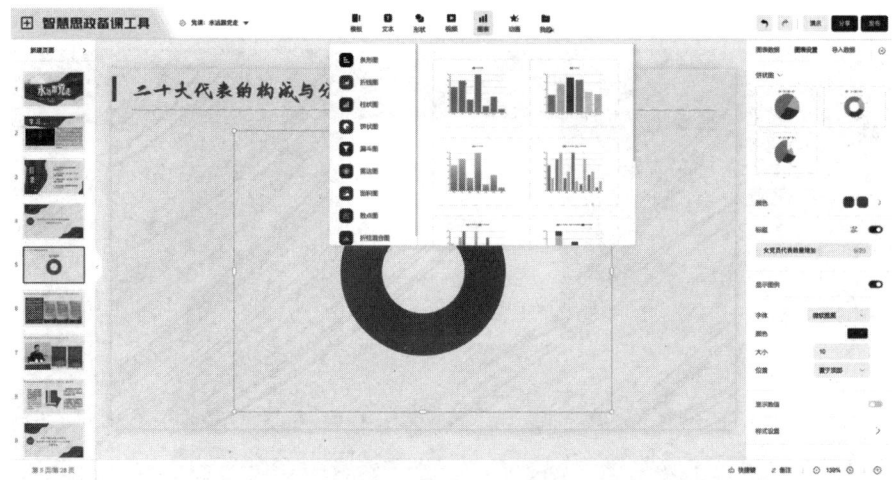

图 4-13　动态可视化图表

（5）工具为教师提供了人性化的个人课件管理功能。每位教师都拥有个人专属的课件存储空间，可随时暂存、查看、修改、删除自己制作的课件内容。

图 4-14　教师个人专属的课件管理中心

（6）支持课件快捷分享。通过扫描二维码或复制链接地址等方式，教师可向他人快捷分享和演示课件内容（播放课件视频须有网络支持），PC 与手机同步生成课件，可实现教案的生动化、情感化、创意化表达，激发学生思政学习的积极性和获得感，满足学生课上及课后的观看需求，方便思政教师之间的成果交流。

图 4-15　简便快捷的课件分享功能

第六，智慧思政云平台可根据院校的实际教学需求，为其建立私有的思政数据库及精品课件资源池，打造校内公开、校外屏蔽的闭环应用场景，严格确保数据的私密性和安全性。对于有分享需求的院校，也可甄选适合的优质数据资源及优秀精品课件对外共享，促进校际间的教学成果交流。

第七，平台支持云端或本地两种部署方式，可灵活应对不同应用环境需求。云端部署（推荐）以 SaaS 方式为学校提供服务，客户登录专有账户即可联网使用平台的各项功能，可确保资源数据与央视网同步更新。本地化部署则是通过定制化开发，实现与客户自有内部系统的关联对接，通过自有账户登录系统并在本地使用各项功能，在有网络环境支持时定期从云端获取更新的数据。

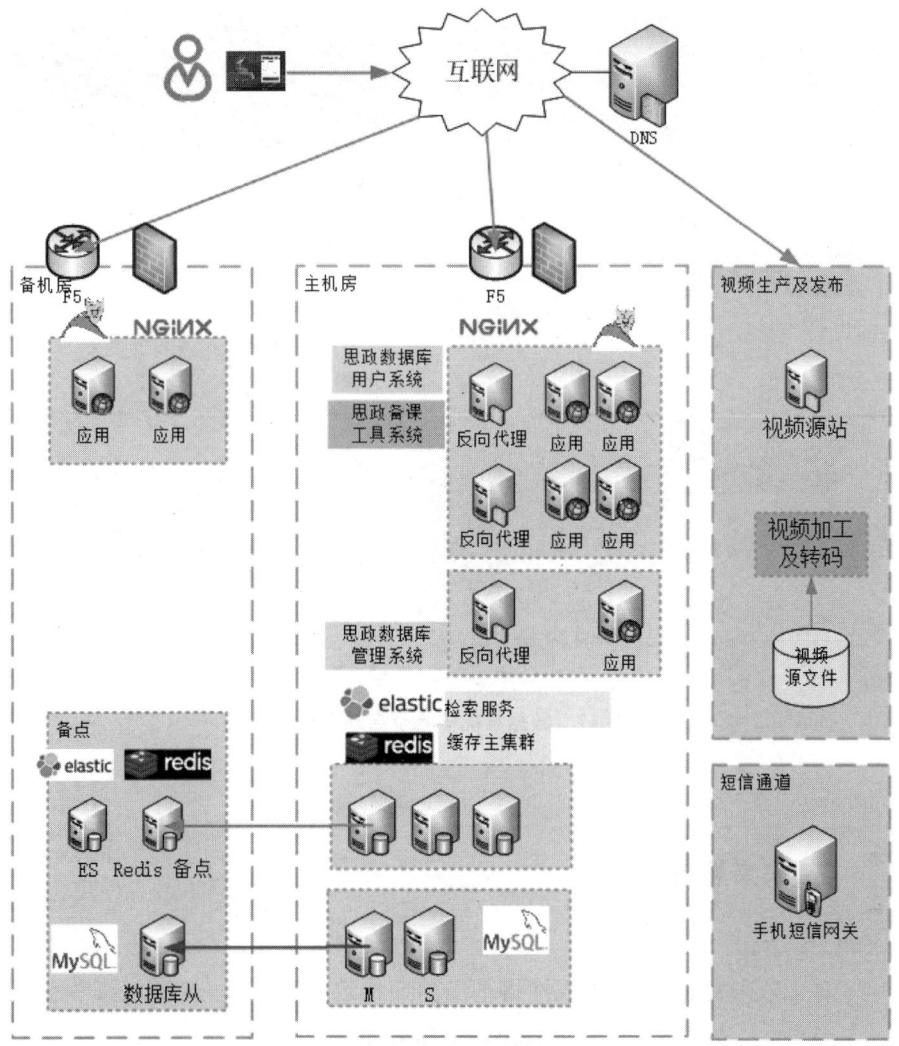

图 4-16　系统部署架构示意图

第八，平台全天候智能核查并校验思政数据资源的有效性，对于原始出处已下架或删除的内容，平台可实现自动同步下架删除，严格确保数据内容的有效与安全。

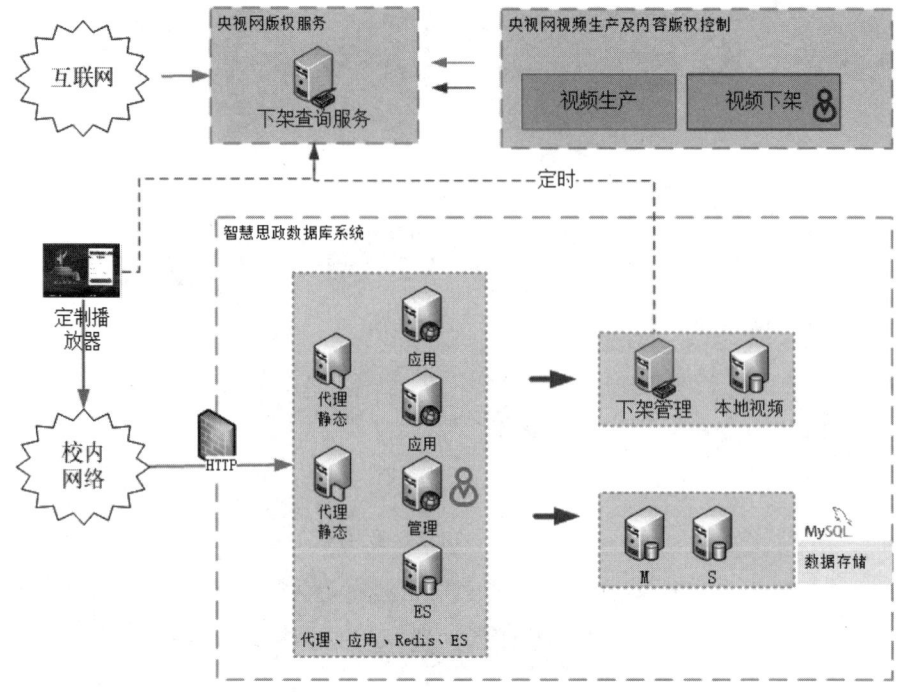

图4-17 数据智能核验及自动下架流程

三、未来展望

对于未来发展规划,央视网将基于前期构筑的系统化、规模化数字思政教育资源"底座",充分发挥智慧媒资优势和先进技术能力,有机融合高校思政教育最新学术科研成果,不断延展思政教育服务领域的半径,通过智慧赋能与云上建设,逐步开放并融入"教学、科研、实践、考核、评价"等多元化的服务和资源,包括专家智库矩阵、成果交流展示、培训云课堂、实践教学平台、综合评价体系、课程思政资源等,进而形成资源可共享、效果可感知、情感可共鸣、能力可拓展的智慧思政云平台体系。

思政云平台以"学练考评"一体化为目标,建立智能学习训练跟踪评测系统,促进思政学习过程的科学化、规范化、精准化。

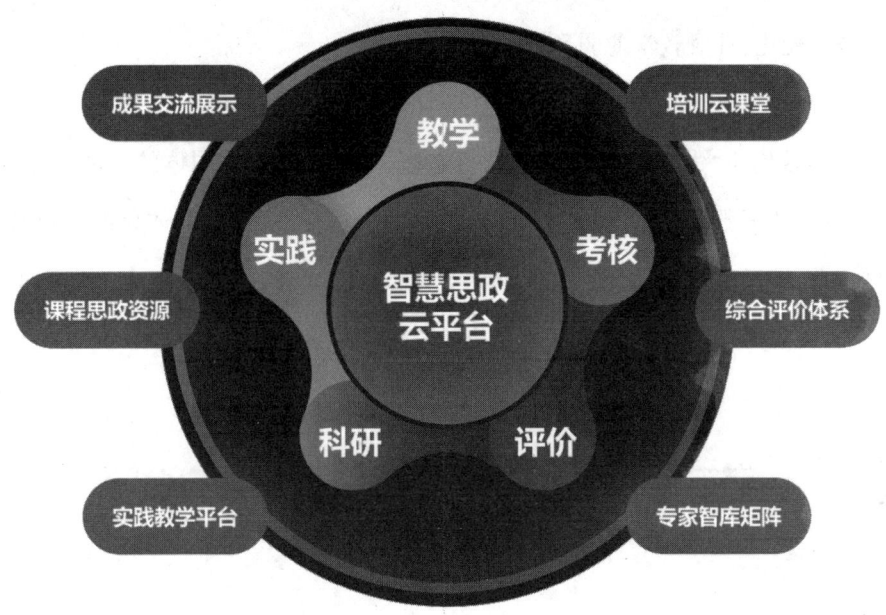

图 4-18　思政云平台体系

(一)智能定制复习计划

智能定制复习计划可打破千人一面的课后复习模式,通过在线答题测试,可智能分析学生的知识薄弱点,自动生成个人专属的复习计划,开展针对性内容训练,帮助学生不断补齐短板,有效提高和巩固学习成绩。

(二)智能出题阅卷

教师可根据教学计划基于题库资源在线快速生成试卷,学生可通过 PC 或手机随时随地灵活答题。命题、考试、阅卷一站式管理,可有效减轻教师出题和阅卷负担,为其专注教学科研蓄积精力。

(三)学习效果数据可视化分析

学习效果数据可视化分析以整个班级或学生个体为单位,对历次考试成绩进行全周期跟踪管理,智能分析周期性波动变化,通过动态图表的方式对各项指标进行可视化展示,便于教师系统掌握教学质量情况,及时发现成绩波动变化,针对教学薄弱环节进行精准施教。

智慧思政云平台的推出,是央视网深入落实"国家教育数字化战略行动",有效构建"大思政"育人格局,打造"一体化"育人共同体的务实之举,通过先进"云数智"技术的产品化输出,为高校构建数字化、立体化的思政教材体系,探索实践式、沉浸式、互动式思政育人新模式提供了有力载体和实效工具,对于新技术赋能行业变革发展具有鲜明的示范引领价值。

第二节　湖南广播电视台:5G 智慧电台

一、创新背景

2020 年,针对基层融媒体中心广播类节目中设备更新缓慢、节目内容匮乏、人才短缺等问题,湖南广播电视台创新研发了"5G 智慧电台"系统。作为 AIGC 的初代产品,5G 智慧电台用数字化赋能传统广播及音频产业,助力传统广播电台实现转型升级。以该软件为载体,5G 智慧电台通过传统电台播出技术与 AI 技术的结合,5 分钟即可生成一套 24 小时安全播出的当地电台节目。5G 智慧电台项目能够有效解决县级融媒体中心"有硬件、缺人才"的问题,解决"有市场、缺运营"的问题,用先进技术推进基层媒体深度融合,提高传播力。5G 智慧电台体系凭借技术、内容、管理、运营四大维度的赋能,助力党管党控的地方融媒体中心将党的声音传得更开、传得更广、传得更深入,已然成为县级融媒体运营以及基层群众日常信息获取中不可或缺的重要部分,成为基层党委意识形态管理的重要抓手。

5G智慧电台始终牢记排头兵、先行者的使命担当,在智慧广电建设中,不断加大自主研发,通过自主研发掌握了智慧广电的核心技术。2021年7月,5G智慧电台迭代升级的全新iMango4.0系统,成为全国第一个使用区块链技术的传统广播技术产品以及第一个获得公安部"三级等保"认证的智能广播系统。2022年7月,《5G智慧电台系统技术要求》地方标准正式发布,规定了5G智慧电台系统的系统架构、业务逻辑、技术要求和运营管理要求等。该标准的发布直接引领传统广播向人工智能时代迈进,在"云+链"的技术架构上,进一步实现广播电台系统的智能化播控、精细化运维、智慧化内容生产。

2020年9月17日,习近平总书记来到湖南长沙马栏山视频文创产业园视察,并在湖南广播影视集团(湖南广播电视台)5G智慧电台展台前,仔细察看产品,了解项目情况。当听说项目帮县域电台节约了人力成本,又把党的声音通过联动村村响大喇叭送到田间地头时,总书记高度点赞:"像这样的产品就非常好,传递了(党的)声音,也解决了(实际)问题。"

总书记的点赞和肯定,为新时代广播事业的发展擘画了蓝图、指明了方向,并赋予了新的重大使命。

5G智慧电台牢记嘱托,全力推进项目"三年千频"计划,并取得阶段性成果。截至2023年12月底,5G智慧电台项目已累计服务全国30省1 203家电台频率,并落实国家广电总局倡议,在"三州三区"243个县援建5G智慧电台项目,得到援建县区的高度肯定。项目先后荣获第58届亚广联绿色广播工程奖、中央宣传部2022年全国文化科技卫生"三下乡"活动示范项目、国家广播电视总局"智慧广电"传播分发类先进案例等三十多项国内外大奖。

二、5G 智慧电台多举措并举构筑多场景应用拓展

在短视频的轰炸下,人的用眼时间正在面临极限。全面且细分的音频收听场景越来越多,在渠道和用户的争夺上,5G 智慧电台的竞争是在车厢和家居两大场景、车联网和智能音箱两大赛道上的入口和内容之争,是乡村、城市声音入口的主动权和话语权的布局之争。当广播不再仅仅是 FM,而是变成音频在广义下的新场景需求,我们就会发现新的场景和渠道无处不在,传统媒体的界限正在被打破,声音媒体的外壳面临着重塑,新内容正在被重新定义。5G 智慧电台所面临的挑战和机遇也将成为广播未来的价值所在。

5G 智慧电台坚持"主力军全面挺进主战场",以技术的变革重新塑造传播渠道,力图在全新场景下催生新的内容需求,在全新的场景需求下,在公共领域的播送视角下,5G 智慧电台依然存在若干种新的可能。

(一)农村广播"村村响"

5G 智慧电台牢记嘱托,砥砺奋进,通过机制创新形成了智慧电台的湖南模式,并推广到全国 30 省 1 203 家电台频率。农村广播通过技术+内容+运营+服务的"四位一体"合作模式,搭建起了音频传播的全新发展机制,重点服务县级融媒体中心和基层群众,让电波服务下沉到田间地头,提升了党媒覆盖面和影响力,广播的受众人数呈几何倍数增长,有力地夯实了基层宣传阵地。

"村村响"工程是国家的重要惠民政策,截至 2023 年,仅湖南省的"村村响"工程就建有一百个以上的县级播控平台、1 742 个乡镇广播站、27 421 个村级广播室以及 41.27 万只高音喇叭。2020 年,湖南省委宣传部支持全省 80 多个县区使用 5G 智慧电台,努力把党的声音送到田间地头。县电台和村村响大喇叭联动,每天 3 次播音,打通了信息传播的"最后一公里",将总书记

思想、省委省政府对中心工作的部署、农业科技知识以及音乐、应急信息送到田间地头。

5G智慧电台将党和政府的声音传遍田间地头,也将智慧广播重新下沉到了乡镇村落。面对这个广阔的市场,2021年开始,5G智慧电台启动了"内容创作者"计划,在"千频传播、百频共创"的基础上,创作了《红色讲解员》《土地的馈赠》《我的乡村我振兴》《账单里的中国》等一系列极具舆论引领力、传播力、影响力的精品节目,5G智慧电台以这些符合当代农村群众喜闻乐见的音频内容,探索并建立起新时代对农广播的内容场景和全新体系。

(二)凝聚力量,助力社区基层治理

2022年,习近平总书记在视察乌鲁木齐市天山区固原巷社区时指出:"社区很重要,上面千条线,底下一根针,很多工作都要靠社区去完成。我们要把工作沉到基层,一定要接地气,了解老百姓的所思所想所盼,根据大家的需求来做我们的工作。"

为进一步把社区基层党组织建好,真正发挥其战斗堡垒作用,把社区各方面服务工作搞好,使群众生活越来越幸福,2022年1月24日,衡阳市雁峰区在区委区政府的指导下,率先在白沙洲街道白竹皂社区启动了5G智慧电台"社区广播""应急广播"的建设工作。

2022年6月,为进一步加强学生的安全宣传教育,织密学生的安全防护网,严防学生溺水事件发生,雁峰区紧急联动5G智慧电台在珠江桥湘江亲水平台,部署安装了5个点位的5G智慧电台智慧广播终端,覆盖了珠江桥湘江2 500米的沿江风光带。同时,由5G智慧电台通过智能广播系统"大数据"生产、制作、分发的防溺水公益宣传带,一遍遍循环播放着防溺水的安全警示语和相关讯息,这也是雁峰区多方联动为预防溺水采取的又一"新招"。雁峰区教育局相关负责人表示:"我们希望通过这种方式,进一步把工作做细,把防溺水安全网织密,为暑假防溺水再加一把安全锁。"

(三)拓展公共空间广播场景

在 5G 信息技术普及的当下,新技术带来社会形态的变化是巨大的,在移动互联网全球化和城市化的背景之下,包括广播在内的媒介都在发掘自身价值和城市生活、社会价值之间新的关联。

5G 智慧电台是开放性公共场所安全管理中较为灵活有效的设施之一,基于城市公共场景的音频传播场景的建设在特殊时期可以起到城市应急服务的作用,日常发挥公益宣传、资讯传播等作用。5G 智慧电台在这一场景下的探索也初见成效。

2022 年 1 月 17 日,全网首个军营 5G 智慧电台"中部号角之声"正式上线,由中部战区新媒体联合 5G 智慧电台打造的"部队智慧广播"开启了音频场景多样化的新尝试;2022 年 1 月 24 日,全国第一家社区 5G 智慧电台在衡阳雁峰区白沙洲社区正式开播;2023 年 10 月 16 日,全国首家校园 5G 智慧电台——清新校园广播在清新区第三小学开播,这是全国首次将 5G 智慧电台应用于校园场景,服务于学校师生。可以预见,适用于公共交通、体育场馆、城市地标、政府机构、学校、社区等多场合的公共广播体系,其市场和社会价值不可估量。

(四)探索商业场景、商业空间播送模式

音频内容在商业空间的播送在中国大陆之外的地区已经十分成熟,如在我国台湾地区,3 600 多家连锁便利商店门店都在 24 小时播送 FAMI RADIO(宣传广告+合作电台节目)。

广播电台在商业空间的播送场景不止便利店,适合音频在商业空间播放的场景众多,如母婴用品店、餐饮场所、医院、美容院等实体消费场景。此类商业空间的店内广播是一块尚未开发的处女地,5G 智慧电台正在通过运用高技术手段的广播播出系统+节目内容优势,逐步探索商业空间广播赋能

的可能性。2022年3月28日，全国第一个医院5G智慧电台在湖南省胸科医院正式开播，其针对医院的定制内容、新闻资讯、头条政策建立了智慧广播在医院场景下的应用新模式。

场景对声音的需求是巨大的，面对一片包括农村、城市、商业等在内的场景，作为一种声音播发媒介的广播，5G智慧电台正面向一个无比广阔的全场景声音市场。在全场景生态下，用户对音频内容的需求正在显著增加，不仅能够助推流量变现，还能激发新的内容创作。不断细分的场景和需求，将成为开启音频内容创新的钥匙。

三、5G智慧电台以技术推动基层融媒体发展

(一)为全国广播事业培养基层业务骨干

媒体事业发展的核心是人才。当前，县级融媒体发展急需一支对党忠诚、专业过硬的全媒体人才大军。5G智慧电台项目还面向全国县级电台提供系列培训、交流活动，通过国际前沿广播发展案例分享、广播新技术学习实践、县级广电助力基层社会治理实操讲解、本地特色文化新闻节目采编、新媒体运营策略等培训课程，以"课程讲解+案例分享+实训实操"模式，传递先进融媒发展经验和管理经验，已先后为全国近10 000名县级广播业务骨干提供了培训和交流服务。湖北省仙桃市广播台副台长李冬梅介绍，参加培训交流活动后，全台想干事、抢事干的积极性空前高涨，就连县电台司机也开始进行方言广告配音工作，仙桃电台的营收额以30%的幅度递增，有效培养了一支创业的队伍。

(二)"百频共创 千频传播"，讲好基层内容，共建新故事

通过"百频共创 千频传播"，5G智慧电台带动基层电台互联共创主流宣

传精品。在庆祝中国共产党成立100周年之际，5G智慧电台团队发起了"创作者计划"，联合全国百家电台共同制作融媒特别报道《红色讲解员》，吸引了全国红色旧址和纪念馆的100多位青年"讲解员"参与讲述党史故事，在全国广播节目播出排行中持续霸榜，被评为国家广电总局2021年度第三季度广播电视创新创优节目。为贯彻落实习近平总书记关于全面推进乡村振兴的重要指示精神，2022年，5G智慧电台携手全国百家电台（融媒体中心）联合创作融媒体报道——《我的乡村我振兴》，节目围绕"党的二十大"和"乡村振兴"主题，以"音、视、文"的展现形式，讲述全面推进乡村振兴中的中国故事，充分展示了新时代农村的伟大变革、农民的精神面貌，全场景式呈现了中国乡村变化中的人民力量。节目入驻"学习强国"平台，还将以有声图书形式正式发行。2023年，5G智慧电台根据中共中央办公厅印发的《关于在全党大兴调查研究的工作方案》要求，推出调查研究类节目《账单里的中国》，节目从一张张"账单"入手，展现人民追求"中国式幸福"的奋斗历程，客观地展现了全面、立体、真实的中国和普通中国人的故事。县级广播电台之间相互借鉴、取长补短，一起创作精品内容的生产模式，让本地故事快速"出圈"，组成了一系列精彩的中国故事，基层广播电台也有了更大的传播力、引导力、影响力、公信力。河北省雄安新区容城县融媒体中心主任朱红亮说："5G智慧电台的创新运用，开创了广播发展的新机遇。"

（三）以技术助力"援藏援疆""文化固边"

2021年9月，为深入贯彻习近平总书记关于治藏治疆的重要论述和指示精神，落实第三次中央新疆工作座谈会精神，落实国家广播电视总局公共服务司对口援疆援藏工作的相关安排与部署，在公共服务司的指导下，5G智慧电台正式启动了新疆、西藏和涉藏"三区三州"的援建工作。项目总共向新疆、"三区三州"243个县捐赠价值约2650万元的新型智能广播系统。项目严格遵守"分级管理，严格三审"的铁律，编排执行"头条工程"，新闻头条均播出了习近平总书记的最新决策部署；系统自动抓取、自动生成的全天节目、天气、路况，切实解决了新疆、西藏及涉藏四省县级融媒体中心的采编人员不足、电台内容资源匮乏等现实问题，共计援建节目204档，日均下发节目达到2625档，通过电台及"村村响"播出，为新疆、西藏及涉藏四省打通党的声音传播的"最后一公里"。

得益于总局公共服务司的有力指导，援建期间，地方融媒体和实验室共同践行主力军挺近主阵地的责任担当，深入宣传党的涉疆、涉藏政策，讲好中国故事，维护民族大团结。2022年2月16日到3月31日举行的援建用户满意度调查问卷显示，项目产品线上线下满意度超过97.20%。三年来，项目组每年都会收到来自总局以及全国多个融媒体中心的感谢信，信中写到：5G智慧电台项目极大地满足了老百姓的精神文化需求，成为边远群众最亲切的声音小伙伴，是党和群众之间的"连心桥"。同时5G智慧电台的"援藏援疆"工作组荣获了湖南广播影视集团青年文明号的殊荣。

项目持续为新疆、西藏和涉藏"三区三州"各级融媒体中心智能化升级提供了帮助，压紧压实援建工作，落实好总局的援建工作指示，协助总局着力提升智慧广电助力乡村振兴发展能力，着力提升智慧广播传播力、影响力、公信力和舆论引导力，推动边区智慧广播从功能业务型向创新服务型转变，从数字化网络化向智慧化发展，维护边疆和谐稳定，满足边区人民群众和边防官兵的文化生活和综合信息需求，持续助力文化固边。

(四) 基层融媒大活动，激活创新运营理念，构建数智平台

2022年6月，5G智慧电台启动"我的乡村我振兴"乡村幸福歌会大型融媒体系列活动。该活动由中宣部宣传舆情研究中心、中国广播电视社会组织联合会智能全媒体委员会、中共湖南省委宣传部共同指导举办。

在乡村振兴战略全面实施的关键之年，"我的乡村我振兴"乡村幸福歌会联动全国百家融媒体中心组建乡音合唱团，在家乡的田间地头、森林湖

泊,唱响"振兴有我,请党放心"的最强音。活动邀请100多家各级融媒中心发动村民们组建乡音合唱团为自己家乡代言,一起在田间地头放声歌唱,向党汇报乡村振兴巨变后的幸福新篇章,最终以100首乡村歌曲作品,在音视频多媒体平台展播、评选。本次活动由5G智慧电台携手自带流量的全国融媒体中心联合发起,为促进旅游经济内循环,全国融媒体将跨区域融通资源,送客入乡,激活乡村文旅,全场景式呈现中国乡村振兴中的人民力量。

三年来,5G智慧电台持续以品牌运营为基层赋能,通过打造"爆款"助力乡村文旅振兴。2023年春节期间,5G智慧电台为莽山策划了"以奇幻文化邂逅科幻IP"系列跨界传播推广,实现莽山相关话题微博单平台阅读量超2.5亿人次,"天下莽山"等各类话题霸榜全网热搜。2023年8月,5G智慧电台再度在莽山推出"奇幻太空演奏会",全网阅读量累计突破12亿人次,为莽山景区线下旅游直接引流造势,活动期间莽山景区游客突破9万人次,实现旅游综合收入9270万元。

2020—2023年,5G智慧电台完成了"服务全国一千频"的第一阶段发展目标。接下来项目将着力构建平台、内容、运营、中台等四大体系,通过创新技术应用叠加的形式,推进1000+频广播电台、"村村响"大喇叭、智慧"小喇叭"等平台和渠道的整合运营,成为县级融媒体的"智囊团"。

随着湖南广播电视台5G智慧电台应用场景越来越广泛,更多的新场景、新生态将会在全国各地基层生根开花,把党的声音送到田间地头,进一步助推乡村精神文明建设、助稳乡村治理高效务实、助力乡村振兴落地见效,5G智慧电台必定能担负时代新使命。

第三节 浙江广播电视集团：
"天目蓝云"技术平台和"Z视介"客户端

浙江广播电视集团(简称"浙江广电集团")成立于2001年11月8日，由浙江电台、浙江电视台及相关企事业单位组建而成，是以广播电视为主业、以新闻宣传为主体兼营相关产业的综合型媒体集团。浙江广电集团根据中央要求，响应时代诉求，全面推进媒体融合发展。2021年，浙江广播电视集团以习近平新时代中国特色社会主义思想为指引，认真贯彻落实党的宣传思想工作总体要求和有关加快推进媒体深度融合发展意见精神，立志走在前列，锚定一流媒体，按照"做强融媒体新闻中心、做精权威新闻产品、做优用户交互体验"的要求，坚持"新闻立台、文化强台、融合用台"，以媒体融合为引擎驱动，打造媒体深度融合发展新格局。

一、浙江广播电视集团媒体融合实施路径

(一)聚焦深度融合全局，明确战略发展目标

浙江广电集团推进"流程重塑、终端做强、平台再造、资源整合"，建立以内容建设为根本、先进技术为支撑、创新管理为保障的全媒体传播体系，努力打造"六位一体"的新型主流媒体和新型媒体集团。2021年，浙江广电集团系统谋划"十四五"发展"13335"战略格局，即高标准提升"集团第一媒体"浙江卫视，高质量构筑新闻、文化、对外"三大宣传平台"，高起点打造"中国蓝新闻"客户端、视听人文综艺旗舰、全方位协作传播"三大融媒平台"，高效能运营传统产业、上市融资、文化园区"三大产业平台"，同时深化实施技

术驱动、人才育用、制度创新、版权运营、党建引领"五大工程",进一步明确主力军加快挺进主战场的战略目标、实施路径。

浙江广电集团从战略和全局高度出发,在出台集团《加快推进媒体深度融合发展框架方案》的基础上,进一步成立"集团推进媒体深度融合发展工作专班",由党委主要领导亲自抓、负总责,党委和管委、编委成员全员参与,制订切实可行的长期规划,及时部署重要工作和重大事项。在组织架构方面,浙江广电集团于2020年整合浙江卫视新闻中心、新蓝网新闻事业中心和相关技术力量,重组挂牌集团融媒体新闻中心,实现实体化运营,建立适应新媒体产品、融媒体运作、全媒体传播的一体化组织构架。中心在负责浙江卫视新闻内容的同时,协同运营"中国蓝新闻"客户端和新蓝网PC端新闻内容;主导运维全省融合传播联盟"蓝媒号";积极开展与全国各大型新媒体平台的宣传合作。在以数字化改革助推媒体深度融合方面,浙江广电集团专门成立了数字化改革推进组,下设9个专题组,对标省、部总体方案,制订了集团数字化改革方案框架。框架采用"四横四纵"基本架构,突出技术"适用适配、管用好用",业务"综合集成、高效协同"。数字化改革推动浙江广电集团在生产方式、服务机制、管理体系、治理模式的全方位、系统性重塑,打造工作"一屏掌控"、政令"一键智达"、执行"一贯到底"、服务"一网通办"、监督"一览无余"的媒体深度融合发展新格局。

(二)秉持技术领先战略,深耕技术先发优势

"无技术、不广电"。浙江广电集团在媒体融合发展过程中始终秉持技术领先战略,持续深化"4K+5G+AI"全媒体技术发展布局,深耕技术先发优势,推进技术融合创新,打造现代全媒体传播技术体系,积极发挥新型主流媒体建设技术先导和支撑引领作用。浙江广电集团始终保持对新技术的敏感性和前瞻性,按照"三用四紧"要求(适用、管用、好用;紧盯科技发展前沿、紧扣集团中心工作、紧贴一线技术需求、紧抓人才团队建设),持续推进技

基础设施从网络化、文件化向云化迭代升级,不断提高技术支撑能力。第一,电视高清化走在行业前列,浙江广电集团建立了完善的全媒体、全流程高清节目制播和内容传播工艺体系。到 2020 年 1 月,集团所有电视频道均获批高标清同播,成为国内率先完成整体高清化升级任务的省级广电之一。第二,广播可视化取得创新突破。集团先后实施广播直播室及户外活动可视化播出改造,研发推广广播竖屏互动直播、广播口播信息系统、直播虚拟场景等一系列"小而美"技术应用。第三,传输数字化取得积极成效。集团全面升级改造浙江省媒体融合主干传输 OTN 网络,建成最大可提供 8T 传输容量,100G 到地市、10G 到县(区),具备高带宽、多信源接入能力的省市县媒体信息高速公路。同时完成浙江全省 800 千米模拟微波干线数字化改造,稳步推进地面电视信号"停模转数"工作和"智慧中波"建设。第四,体系互联网化布局更为清晰,演播、转播、备播系统 IP 化加速推进,新一代信息技术与广电高新技术融合创新不断深入,以 IP 技术架构为基础、云平台为支撑、互联网转型为动力的全媒体传播技术体系建设初具规模。

(三)创新孵化激励机制,培养全媒人才队伍

为更好地发掘和培养媒体融合创新人才和团队,2019 年起,浙江广电集团设立"创新项目孵化基金",设立总额 3000 万元的创新项目孵化基金,首批入选了涵盖内容生产、视频开发、营销推广、文创产品等多个方面的 12 个创新项目,极大激发了优秀年轻人才创业创新的激情,培育了集团媒体深度融合发展的内驱力。同时,集团设立年度"改革先锋奖",表彰在媒体融合中取得重大突破的改革创新项目;探索实行媒体融合"一频一策""一事一策""一人一策",设立专项融合传播奖励基金。此外,集团还争取更多有利政策,协助员工申办人才引进补贴,申请高层次人才认定等,深入服务优秀媒体融合人才,并在内部积极推行与市场接轨的具有广电特色 KPI 绩效考核办法,探索设计融媒人才绩效考核和薪酬分配方案,确保内部薪酬分配向媒

体融合、内容生产等关键岗位和复合型经营管理人才倾斜。

(四)贯彻新发展理念,推进经营转型升级

浙江广电集团坚持"立足广电、多元拓展",用新发展理念推进经营转型升级,加快探索产业合作和资本运营,加速布局落子文化园区、影视生产、融媒产业、新零售领域及资产证券化,加快推动产业转型升级、发展动能提速,构筑产业新发展格局,更好地反哺集团深度融合发展。

一方面,浙江广电集团与多个省级职能部门以及华为、阿里、腾讯、字节跳动等互联网头部企业进行战略合作,涵盖平台共享、版权合作、节目创制、账号培育、产业孵化、技术协作、人员培训等多个维度。例如,其与杭州市萧山区政府联合创立"(中国)TOP直播电商产业园",与字节跳动携手共建"新媒体产业孵化园",与浙江电信全新打造"中国蓝电信电视",还有"黄金眼MCN"和"社区合伙人"等首批创新孵化项目,集团不断做优产品、做强跨界、做活营销,取得良好效益,为探索融合发展开疆拓土、积蓄经验。另一方面,浙江广电集团收购上市公司"唐德影视"的控制权,打造浙江国有文化影视"第一股",接轨资本市场取得重要突破。浙江国际影视中心、象山中国海影城、米蓝大厦、浙江广电传媒业务用房等项目已投入运营或正在加快建设,不断培育集团融合发展新动能。

二、浙江广播电视集团媒体融合亮点

(一)全媒体融合,强化技术创新引领

1."天目蓝云"平台成为行业样板

传播大脑科技公司在浙江省委宣传部的指导下,推进以"两朵云"为基础的全省统一融媒体技术服务平台建设。

省域媒体技术融合任务艰巨。浙江省媒体融合起步早、发展快,一直走在全国省级媒体融合发展的前列,但其在高速发展的同时也遇到一些问题。在媒体技术平台建设方面,浙报集团"天目云"、浙江广电集团"新蓝云"以及少数地市及区县独立建设的技术平台三分省域,各平台间互筑藩篱,全省媒体融合在媒体技术上未形成深度融合。

以"天目云"和"新蓝云"为主推进全省统一融媒体技术服务平台"天目蓝云"建设面临着诸多挑战。"天目云"平台由浙报集团研发,以"移动优先"为原则,在纸媒、网站、客户端及新媒体渠道内容生产分发与运营方面有着较大优势。"新蓝云"则在广电传统业务上存在天然优势。两大平台拥有独立的技术架构,融合存在着较深的信息壁垒。

依托省级层面组织的力量,通过整合技术和内容资源,可以避免重复建设,提高资源利用效率,推动浙江省传媒体系的完善与省域贯通。整合不同的媒体资源和技术手段,可以促进不同媒体之间的交流和合作,推动媒体行业的创新和发展,为未来的媒体发展提供新的思路和方向。

首先是要构建省域媒体融合技术基座。公司将整合推进工作分为调研、设计、实施、迭代升级四个阶段,于2022年8月完成全省摸排调研,9月制订详细方案后启动推进。通过内部深度融合,全省媒体融合积极推动深融转型,支撑体制机制重塑、生产流程再造、渠道资源整合,实现从融媒体技术支撑平台扩展到综合智能工作协同平台、从服务媒体融合场景扩展到服务宣传文化领域数字化场景、从单打独斗的技术输出扩展到生态级服务的整体赋能。全省媒体融合于2023年6月底基本完成全省媒体融合"一张网"建设,初步解决了全省媒体技术平台和业务长期割裂的问题。

全省媒体融合"一张网"以"天目蓝云"为基础,全面保障重大新闻传播平台技术建设,推进"一张网"能力及应用场景建设,包括联通宣传管理与内容生产、政通稿快速发布、优质内容供给、助力多渠道分发、区域化联合运营、流量聚合变现等，推进全省各级媒体在内容、传播、运营等方面实现资源共享、共融发展。

图4-19 "天目蓝云"融合媒体资源

"天目蓝云"以构建一站式媒体深度融合生态开放平台为目标，搭建新闻生产、全域运营、统计管理、办公协同等应用场景，提供"策、采、编、审、发、管、评"全链路业务解决方案，同时提供第三方应用开发与接入能力，实现融媒体核心业务场景的闭环，助力省、市、县三级融媒体中心、政府机构、企业高校及宣传文化领域单位等整合内部宣传资源，形成宣传管理抓手，整合信息采集与生产流程，重塑信息生产传播工作体系，实现"管理+业务"的一体化集成。

"天目蓝云"坚持技术创新引领，建立起融合纸媒、网站、客户端、广播电视、两微一抖等多种媒体形态的内容生产和传播平台，利用大数据及智能化技术，整合内容资源，丰富表现形式，为各传播载体生产高效率、高质量的新闻内容，将过去报纸、各新媒体独立的生产流程，改革为同一个生产链条，进而促进团队融合、业务融合、数据融合。在媒体深度融合的背景下，充分发挥传统媒体的多元化生产优势、信息资源优势、媒体品牌优势，发挥客户端、网站、新媒体渠道的开放性、时效性、海量性、易检性、个性化等独特优势,形成载体多样、渠道丰富、覆盖广泛的传播矩阵,实现一次采集、多次生成、多维发布的业务模式。

坚持移动优先发展战略,积极整合平台优势资源向移动端倾斜,全面赋能省级重大新型传播平台及市县融媒体客户端,构建一个以新媒体为主阵地、传统媒体和新媒体互相促进、各媒体差异发展、开放共建共享的全媒体传播新格局。

同时,"天目蓝云"进一步赋能和改进基层宣传思想工作,做群众思想政治工作的重要平台,有助于把基层百姓所需所盼与党委政府积极作为对接起来,把服务延伸到基层、问题解决在基层,切实推动基层宣传思想工作强起来,有效提升新闻舆论的传播力、引导力。

作为全省"一张网"的技术底座,"天目蓝云"将持续强化技术支撑及引领能力,纵向贯通省、市、县三级媒体,横向连接政府部门、企事业机构,夯实一体化新型主流融媒体技术支撑平台能力,全面实现场景协同、资源共享、数据共融、内容汇聚、运营共助,打造全新的省、市、县一体化传播体系和生态圈,以技术赋能推动全省"一张网"建设。

截至 2023 年 11 月,"天目蓝云"已支撑浙江全省 1 家省级媒体、8 家市级媒体、72 家区县级媒体的日常新媒体内容生产、发布和传播工作,同时在加快探索行业、地域等衍生业务,已为贵州、河北、山西、西藏等省外媒体提供技术服务。

2.高新技术发展呈现特色亮点

一方面,浙江广电集团着力"高格式",4K 先行,兼顾 8K,加大更高质量的内容供给,建设 32 迅道 4K 全 IP 超高清转播车及支援车、三维声音频车集群,打造 IPTV 4K 内容专区,加入中国超高清视频产业联盟,先后完成了《中国村落》《西泠印社》等一批 4K 精品制作。此外,浙江 IPTV 集成播控平台在国内率先完成了"双认证、双计费"数据、"百视通"用户、"非视听栏目纳入播控"内容总体割接任务,实现了浙江省"三网融合""一省一平台"工作目标。另一方面,浙江广电集团聚焦 5G 商用、广电 5G 应用,开展 5G 频道、流媒体广播、网络电视等移动交互媒体技术研究,加强 5G 内容采集、信号传输、远程制作等技术实践,推进互动视频、沉浸式视频、VR 视频、全景直播和云游戏等 5G 高新视频技术应用场景落地,更高层次地满足群众文化生活的新期待。

3.智能媒体建设凸显广电优势

一方面,建设"天目蓝云"智慧中台,组建大数据联合实验室、人工智能实验室等,政产学研用联动,加快媒体数据量能转化,加大全媒体、全领域、全过程数据聚合、挖掘、分析和应用,加强内容流、传播流、服务流、用户流数据融合,实现媒体业务从经验驱动向数据驱动转变。另一方面,把握人工智能发展新引擎,推进人工智能技术在内容创制、技审播出、反馈推荐、智库决策等业务流程中的实践推广,以及在智能演播室、智慧电台、智能机房、智能终端等工艺环节上的实际应用。浙江广电集团研发"新蓝算法",加强基于人工智能的多场景实时互动式内容推荐;新建"民生休闲频道自动化演播系统",贯通演播、制作、播出、分发全媒体业务流程;建设"智能媒资系统",实现自动化、批量化媒资生产,辅助敏感信息识别审核,保障内容安全;实现机器换人,数智赋能,推进"一人一频""千人千面"精准传播,推动广播电视向智媒体跃迁。

(二)多平台发力,打造特色融媒体矩阵

浙江广电集团按照"主矩阵做强,分终端放活"的原则,打造具有自身特色的新媒体矩阵。第一,打造龙头客户端。"中国蓝新闻""Z 视介""中国蓝 TV""喜欢听"等移动客户端总用户数超 8000 万。其中,"Z 视介"是突出

IP社群属性的视听文化传播平台,可概括为传播新物种、文化新平台。它不仅具有综艺、影视剧、纪录片等网络视听平台常设板块,还创新打造了非遗、戏曲、宋韵、全民阅读专区等特色板块,内容边界更广;不仅提供各类文化节目,还推出了文化类直播、短视频和文创周边等,产品形态更多。它的主流价值更为彰显,"Z视介"坚持把社会效益放在首位,用主流价值主导流量,用流量机制匹配产品,用创新产品占领市场,达成价值点、产业链、生态圈的良性耦合,实现社会效益与经济效益的统一。它的呈现方式更为多元,不仅兼具爱奇艺、优酷、腾讯视频等平台的流量机制和B站的社区属性,还强化了双屏赋能,大、小屏紧密联动,共同呈现;创新部落生态模式,以元宇宙方式创新呈现;打造"创作者在线"平台,实现服务与互动的叠加,全面挺进主战场、占领主战场。云原生开发、数据中台、AIGC中台、元宇宙、虚拟人"谷小雨"以及HDR至臻视介技术等在"Z视介"平台中的应用,不仅提升了平台的技术水平,也优化了用户体验,为媒体与传播领域开创了新的发展空间。

第二,做强新媒体特色。浙江广电集团精心布局培育"美丽浙江"抖音号、钱江视频、浙样红TV、牛视频、黄金眼融媒、一刻视频等特色新媒体端。截至2021年5月,集团各宣传单位共有新媒体平台账号593个,用户和粉丝总数突破5亿。其中,浙江卫视新媒体粉丝量于2020年突破1亿,多年荣获"全国观众最喜爱的省级卫视"和"最具融合传播影响力省级卫视";浙江广电集团广播频道公众号全部进入全国行业新媒体"百强榜";"美丽浙江"抖音号视频总播放量超过50亿,成为全国影响力最大的省级发布类抖音号。10个电视地面频道、8个广播频道的新媒体公众号,全部进入全国行业新媒体"百强榜"。

第三,坚持"开门办台"。浙江广电集团积极扩大媒体融合"朋友圈",建立"1+101+X"融合传播协作体"蓝媒联盟"。"1"是指集团,"101"是指覆盖全省11市、90县(市、区)融媒体中心,"X"为央媒新媒体及社会头部平台。目前,浙江全省101家市县媒体全部入驻集团"蓝媒号",200个政务机构入驻"蓝媒号+"。2020年,集团成立"浙江政务短视频联盟",已与91家政府机关单位签订合作协议,提供"一站式"政务短视频及相关服务。发挥集团在全省广电融合中的龙头作用,深化内外联动、三级协同,加速推动省、市、县媒体专业化、特色化、垂直化合作开发,努力实现资源同享、宣传同步、品牌同建、利益共赢。

此外,浙江广电集团加强与央视、人民日报、新华社等主流媒体以及今日头条、抖音、快手等社会头部平台的深度合作,积极构建融合传播"共同体",在"借船出海""借梯登高"中持续提升宣传影响力版图。以2020年全新创办的浙江电视台英语传播窗口为契机,集团进一步加强"中国蓝国际"融媒矩阵建设,打造"国际传播联盟",积极推进Meta、YouTube、TikTok等海外社交平台账号建设。在TikTok平台新开设Blueberry TV账号,打造Blueberry蓝莓国际短视频品牌,形成"一个平台、多点矩阵"的对外传播新格局。

三、媒体融合实践典型案例

(一)新蓝算法:基于人工智能的多场景实时互动式内容推荐

基于人工智能的多场景实时互动式内容推荐系统围绕社会主义核心价值观,利用大数据及人工智能等技术,助力主流媒体参与构建内容生态。为解决模型开发调优周期长,用户冷启动等问题,浙江广电集团凭借新蓝网内容优势和多年融合媒体运营经验,结合相关行业技术积累,根据用户兴趣偏好,为融合媒体多个场景提供实时互动式内容推荐能力——新蓝算法。

基于人工智能的多场景实时互动式内容推荐系统具有文本、音频、视频理解能力以及对用户行为的收集和分析能力,定义了用户画像的维度。推荐系统从设计之初就采用了微服务的架构进行容器化部署。其上线后实现了新蓝网新闻、文娱、县级融媒体三大产品线上PC端和App端用户行为收集分析、媒资内容理解,对用户进行画像分析,对资产进行标签化处理。其在客户端上增加了推荐板块,并且在新闻、文娱和10多个县融产品中落地。基于人工智能的多场景实时互动式内容推荐系统应用可减少不良内容的社会影响,突破信息茧房效应,以正能量传播构建主流价值观新生态;针对融媒产业所孵化的产品,定制个性化推荐系统,提高用户黏性和停留时间;提供用户量、活跃度、传播指数、舆情等维度指标,量化考核县级融媒体的运营情况。

(二)智能媒资系统:智能化、全媒体内容存储和运营管理

智能媒资系统建设以"天目蓝云"平台为依托,秉承多租户理念设计,融合人工智能、大数据、云计算、超高清电视等新技术,创建媒资内容中心、构建多模态检索门户、统一功能模块接口、强化智能效率和移动应用,有效提升了全媒体内容管理、超高清节目归档、一体化媒资运营能力。

系统引入了大数据及人工智能技术,通过图像、文字、视频综合检索快速定位有效信息,运用人脸识别、语音识别等功能,实现了内容自动鉴别、辅助智能编目;其支持4K视频格式入库、审片、预览、剪辑及出库,覆盖媒资主流程;采用面向多租户的技术架构,根据节目类型配置各类专业库进行资源分库管理,可向集团内外用户提供媒资服务,共享统一的底层资源和支撑服务;预留第三方版权管理系统接口,为后续利用区块链或其他先进技术实现可信版权统一认证、管理和交易做出准备。

系统智能化能力已在浙江卫视等重大节目重播重审敏感内容、自动鉴别先期应用中发挥出重要作用。浙江卫视拥有海量综艺节目,在传统的三级四审中,内容审查主要依赖人工,审核效率低,且易漏检。依托系统人脸、语音、图像、文字识别等智能技术能力,能够按照最新导向管理要求,在节目

重播重审的过程中,快速筛查相关敏感人物、敏感字幕、敏感图片信息,从而有效地规避相关安全风险。

同时,集团正以"智能媒资系统"能力为基础,积极构建面向广播电视、网络视听、社会媒体、电子出版、影视生产、政务平台、门户网站内容安全监管的"文化安全服务"数字化应用场景,为进一步强化党的意识形态工作提供更好的思想保证、舆论支持、精神动力和文化条件。

(三)"最美浙江人"沉浸式展馆的应用实现

浙江广电集团将"最美浙江人"品牌与沉浸式视频技术相结合,成功推出了"最美浙江人"沉浸式展馆,展示了十余年来"浙江骄傲"、"风云浙商"和金牛奖评选人物的先进事迹、珍贵资料和新闻报道,打造了永不落幕的沉浸式"红色展馆"。"最美浙江人"沉浸式展馆以年度人物的先进事迹为核心,以时间为轴,旨在打造一个以虚拟科技及互动为主要手段、以宣传浙江精神和"最美浙江人"为主要目的的三维沉浸式展馆。其采用全景视频拍摄技术、视频图像缝合技术、三维图像映射技术,突破了"时空限制",参观者可以通过电脑、手机、投影仪器、沉浸屋等终端,身临其境地体验展馆内容。展馆还特别设置了互动评论区,支持留言评论和在线分享。"最美浙江人"沉浸式展馆不仅宣传了"最美人物",还传播了"最美精神",凝聚、激发和传递了正能量,为把浙江打造成为文化高地、文明高地,实现"两个高水平"建设,谱写新时代中国特色社会主义浙江篇章汇聚了强大的精神力量。

第四节　成都传媒集团：
塑造"内容+技术+产业"智慧融生新生态

一、向新型主流媒体集团和智媒体集团突围转型路径

党的十八大以来，习近平总书记针对媒体融合发表了系列重要讲话，在总书记的指引下，当前我国各主流媒体正加速媒体深度融合建设，前瞻考量数字化与智能化布局，推进智媒体生态建设持续深化，以提升业务的智慧能力为目标，积极应用智能技术对新闻采集、生产、分发、接收、反馈进行赋能。近年来，成都传媒集团（以下简称"集团"）积极推动媒体融合发展，2019年在国内首创从战略层面勾画集团整体智媒转型发展的蓝图，率先提出建设"新型智媒体集团"战略目标，以更大的决心和宏图推动集团整体实现智媒体突围转型，出台100多项具体举措，推进顶层设计改革，力图转变传统仅围绕内容领域的改革思路，探寻集团层面的整体智能化、智慧化转型升级的路径和策略。

成都传媒集团以数字化、智能化、智慧化为抓手，着力打通内部的各类要素资源，推动各媒体平台和各产业单元深度融合，实现信息内容、技术应用、平台终端、管理手段共融互通，围绕筑牢智媒体技术底座、建强智慧媒资数据库中台、迭代传媒与文创产品应用前台、创新智媒体空间载体规建、拓展全球合作资源等涵盖智媒体生态营造全过程全链条，加速形成共建共享、共生共融的智能化、智慧化媒体集群和产业生态。截至2023年年底，集团综合传播影响力在全国同类报业集团中居第一方阵，资产总额170亿元，媒体

与产业融合较深，全面构建新型媒体矩阵，全网用户数已超 4 亿，前瞻布局智慧教育、数字交易、MCN 孵化等数字文创新经济领域、新赛道，打造涵盖影视、会展、旅游、教育咨询、音乐艺术、智慧园区等现代化文创产业生态体系，形成了鲜明的"内容+技术+产业"模式。

成都传媒集团开展的整体性智媒体转型探索，以数字化、智能化要素带动内容板块与产业板块协同升级，努力塑造媒体集群和产业集群"智慧融生"的新生态。在具体的建设思路上，集团从"智略""智慧""智能""智园""智囊"五个方面，聚焦战略目标、技术支撑、物理空间、运行平台、人才队伍等要素，全面体现"智"的特征和内涵。

"智略"体现了智媒体集团鲜明的顶层设计。2023 年，集团印发《成都传媒集团数字化转型实施方案（2023—2025）》，以数据驱动数字化转型为主线，提出集团数字化转型的顶层设计、实施路径和任务清单，系统规划集团数字化转型三年重点任务，为提升集团整体数字化治理能力提供行动指南。智媒体集团的建设是对集团及旗下单位目前发展环境的生态建设，不仅需要视野完整、设计完备，还需要在实践上能够配合顶层设计扎实推进。在实践上，围绕"建设立足中国影响世界的新型主流媒体集团和智媒体集团"战略目标重塑集团顶层架构，推动采编与经营、事业与企业"两分开、两加强"，构建了"成都传媒集团+成都传媒产业集团"的顶层架构和"两个单位、一套班子、分类管理、一体化运行"的运行机制，形成了事业与企业合理分工、相互赋能、融合发展的新格局。在管理上，系统谋划"智媒体集团"改革路径。通过重组、关停等手段，对组织、员工、产业生态进行整合提效，形成传媒影视、现代时尚、音乐艺术、文体旅游、会展广告、教育咨询六大核心主业。

"智慧"是智媒体集团发展内涵的核心因子和全链因素，主要体现为全面提升内容生产与文化产业的数字化、智能化水平。集团集中力量建设"成都发布""锦观新闻""红星新闻""每日经济新闻"等品牌新媒体，全网用户数从2019年年初的0.9亿人增至2023年的超过4亿人,原创稿件生产能力由12万篇/年增至46万篇/年,传播阅读量由200亿人次/年增至1700亿人次/年,荣获中国新闻奖作品5件、省市新闻奖作品719件。2023年年底,"成都发布"全网用户数超2300万人,居全国城市政务微博影响力第一名;"锦观新闻"客户端下载用户数达3200万人,全平台用户数破8500万人;"红星新闻"全网用户总数超过1.7亿人,已成长为全国时政新媒体头部品牌;"每日经济新闻"全网用户数超1.2亿人,成为中国"财经媒体第一大V"。集团着力建设国际传播媒体矩阵,组建成都国际传播中心,设立国际传媒公司,打造国际传播核心媒体。大运会官网开通6种语言频道,以7种文字版本与全球对话,注册用户数达197万人;GoChengdu网站搭建并运营Meta、X、Instagram海外社交媒体平台,账号粉丝总数超30万人,年度覆盖人次破千万,互动率稳居副省级城市前列。*HELLO Chengdu*杂志在境外社交媒体平台Instagram的账号用户数突破40万人,稳居内地城市所开账号第一位;国际传播媒体用户覆盖205个国家和地区。集团深耕文化、教育等垂直细分领域,打造的"谈资"新媒体用户数超过3000万人,"YOU成都"全网用户数超过1600万人,"成都儿童团"用户数超过700万人,品牌影响力在各自细分领域不断巩固和提升。在产业生态上,持续优化"智媒体集团"产业布局,产业板块推出智慧公交、智慧展览、智慧园区管理、智慧化数字文化版权交易平台和智慧教育等项目。

"智能"是智媒体集团转型发展的内驱动力和底层支撑,体现在加快筑牢智媒体技术底座,建强智慧媒资数据库中台,在技术研发储备上,成立集团技术委员会和技术部,整合集团内外技术资源,统筹推进集团技术研发应用。集团投入1800万元,联合中国移动建成"每经云",实现集团15家媒体单位近58个应用系统全部迁移上云,将分散于外部商业运营云服务平台的数据、应用、系统归集至平台统筹管理,逐步形成体系化、建制化的媒体生产智慧化体系，打造形成"数据一网统管、存储分区分域、平台统一运营"的传媒专属云；投入2500万元建设智能媒体资源数据库，首批入库媒资超过407万条，聚焦媒体媒资流转全周期，经过持续研发，目前已完成媒资管理系统、媒资交易服务系统、智能媒资移动端3大系统的一期建设，具备多模态搜索、智能审核、视频智能标签、自动化音视频拆条入库、全流程媒资版权管理等200多种功能，全面赋能媒体智慧生产和智能传播，未来将服务于全国的城市媒资联盟和智媒体生态打造，助力商业运营推广、文化产业发展和传媒行业革新；推动每日经济新闻开发每经AI电视系统，在全国率先实现"文字—音频—视频—电视台"全链条智能化生产；建立覆盖近5000家A股公司的每经AI快讯系统，原创稿件产量提升至平均每天近千条。整合集团技术力量，组建以传媒科技为方向的每经科技有限公司。每经科技自研开发"雨燕智宣"智能短视频生产平台，实现视频产品秒级生产、智能分发，目前已经在深圳、济南、沈阳、长春等都市媒体及传媒茶话会、郫都融媒体中心、宁波银行、国金证券、国城矿业等媒体、金融机构、大型上市公司等20余个机构实现了产品商业化。

"智园"是智媒体集团深度融合的城市符号和文创地标，是智媒体集团的物理空间。集团创新智媒体空间载体规划建设，建设融合发展空间，聚力建设运营具备媒体特性、智慧特征、未来特质的文创园区，投资60亿元建设"成都智媒体城""每经中心""白鹭湾科创园"三大文创项目，其中2022年开工的"成都智媒体城"和"白鹭湾科创园"将于2025年建成投用，"每经中心"项目计划于2024年一季度开工。这三大项目将为智媒体和文创产业融合发展提供60万平方米的物理空间，有望成为成都传媒新地标和文创产业新高地。集团联合中国数字图书馆重组成都文化产权交易所（下文简称"成都文交所"），打造国家级的各类数字文化资产交易平台，力争将成都文交所建设成为文化资源交易规模上千亿元、融资百亿元的文化要素专业市场。

2023年成都文交所受四川省文化馆委托打造"永不落幕的线上文化采购服务平台"——文采汇采购平台,至2023年12月,平台交易额已达2.5亿元。

"智囊"是智媒体集团服务城市的运行平台和智库高地。集团提升服务智慧城市的能力,规划与省市电子政务、医疗卫生、教育、交通、经信、民政等对接,通过智慧服务链接市民。集团打造新型媒体智库集群高端品牌"三色智库",整合集团内外智力资源,统筹集团内部智库类活动,专门针对城市、传媒、文化产业等领域提供智库服务,形成了智媒体50人会议、三色讲堂等全新智库IP,同时以多种举措支持"锦观智库""每经智库"等媒体智库发展。

二、智媒体集团建设实践案例

(一)成都发布:迈向城市智媒体综合服务平台

截至2023年12月,"成都发布"全网平台用户数超过2300万人,其中微博用户数超过1391万人,居全国城市政务微博影响力第一名,是全国唯一用户数过千万的城市政务微博。成都发布政务融媒体中心与成都23个县级融媒体中心携手相行,成立"1+23"政务融媒体联盟,共同提升本地政务新媒体的内容生产能力,加快打造更具影响力的成都新型主流媒体集群。未来三年,成都发布政务融媒体中心将以内容建设为根本、先进技术为支撑、创新管理为保障,创新探索"新闻+政务服务商务"的运营模式,将成都发布打造成为全国一流的城市新型主流媒体集群和城市智媒体综合服务平台。

(二)锦观新闻:"大锦观·精纸媒"体制机制改革成效初显

《成都日报》锦观新闻是中国有重要影响力新型主流城市党报智媒体传播平台。《成都日报》现日发行份数约25万份,是成都市域范围内发行量最大的纸媒。《成都日报》锦观新闻时政新媒体传播矩阵2023年全网覆盖用户数突破8500万人，全网阅读量超72亿人次，锦观新闻客户端下载用户数突破3000万人，微信、微博粉丝量达1000万人，锦观新闻微博跃升至副省级城市第三，仅次于广州和深圳。锦观新闻已在抖音、快手、视频号、头条号、人民号、企鹅号、百家号、一点资讯号和华为信息流平台等平台开通账号并同步发布产品，新闻产品日均曝光量超3500万。锦观新闻客户端搭建的"推荐"频道依托智能推荐引擎根据用户画像精准匹配相应内容，增设智能语音AI机器人"小锦机器人"角色，实现一对一专属对接。未来将依托集团数字化底座"每经云"、智能媒资库等新基建，进一步巩固提升智媒体关键转型。2023年6月，《成都日报》"大锦观·精纸媒"体制机制改革工作入选中宣部中国报业深度融合发展第三届创新案例，并在第二届中国报业创新大会上进行展示交流，这是日报复刊20多年来工作首次受到中宣部正式表彰。

(三)红星新闻:全面提升视频生产品质和效能

2023年全年，红星新闻(含商报双微)全平台粉丝数超过1.7亿人，已成长为全国时政新媒体头部品牌。面向智能时代，红星新闻加强了技术在视频上的应用能力。一是投用深红视频创作空间。以全面提升视频生产品质和效能为目标，搭建适应5G生态的视频生态系统，建设虚拟演播间"维度-虚拟工作室"、8K全球直播枢纽"8K直播-新闻就在眼前"、8K超高清制作工作室"密度-8K生产队"等矩阵创作空间，使更具现场感的超高清视频和更具科技感的5G直播、VR直播、全息视频成为"红星视频"的一大标识。在视频领域取得了傲人成绩，《成都商报》红星新闻原创视频《象牙塔的困惑》荣获国际短视频大奖，谈资的"民乐也疯狂"凭借《东盟多国语音×民乐版成都》获得含金量颇高的国际奖项。二是成立红星新闻文化融媒体中心，全面整合了报社原文体新闻中心文化新闻板块、谈资(YOU成都)内容生产板块。

(四)每经 AI 电视:全球首个由 AI 全流程驱动的 7×24 小时视频直播媒体产品

《每日经济新闻》创刊于 2004 年,已成为全国三大综合性财经媒体之一,2023 年全网用户数超 1.2 亿人,其中微博粉丝数近 5000 万人,是中国"第一财经媒体大 V"。在面向智媒体发展的过程中,每经推出了 AI 电视及智库两个亮眼的智媒体产品。

2019 年下半年,每经在技术转型道路上,将目光聚集到了人工智能领域。此后的两年时间,通过四阶段完成了每经 AI 电视的研发及上线:第一阶段以 AI 写稿实现近 5000 家上市公司文字稿件全覆盖;第二阶段把文字公告与视频渲染等 AI 技术结合,实现文字稿的视频化,实现了近 5000 家上市公司资讯的全视频化;第三阶段加入虚拟主持人,搭建符合用户认知的电视新闻播报模式,并通过直播流推流服务,实现全年 365 天,每天 24 小时的不间断播出。2023 年 12 月,每经 AI 电视 2.0 版全网上线。

图 4-20　每经 AI 电视 2.0 虚拟主持人串词播报

目前,每经 AI 电视一共有 13 个栏目,包括财经早参、每经下午茶、研报精选等。截至 2023 年 11 月底，已连续播放超 18 000 小时，生产约 15 万条 AI 视频，各平台浏览人数超 2.8 亿人次，每经 AI 电视月均观看人次达 1800 万。

每经 AI 电视作为全球首个由 AI 全流程驱动的 7×24 小时视频直播媒体产品，从 AI 稿件撰写到虚拟主播视频生成，再到 AI 视频生成，最后到视频串联播出，实现了整个直播链条完全 AI 化制作，除文字审核和监播外，每经 AI 电视的内容播报和传输全程不需要人工参与，基本实现全流程的无人化操作。

图 4-21 每经 AI 电视导播工具示意图

每经 AI 电视将 AI 技术深度嵌入采、编、播流程中，融合了每经 AI 智能写稿、每经 AI 虚拟主播、每经 AI 播控三大系统，做到了内容生产自动化、内容形式自动化、内容分发自动化。因此，进入运维阶段后仅需 2 名专职导播运营人员，视频快讯审核可以按照文字稿审核流程进行，节约了成本和人力。以上思路和经验，对传统文字媒体的智媒体转型提供了一条技术先进、成本可控的媒体融合路径。每经 AI 电视已成功落地浙江 IPTV，覆盖大屏受众 500 万人以上。

"每经智库"以有用和解决问题为特色,以专业课题研究、内参报告、舆情报告、国际城市传播等系列城市发展服务为主要业务,输出解决方案,形成了由每经智库和多个行业智库组成的"1+N"智库阵列,国内外合作机构超过 20 个,国内外合作高校超过 50 所,国内外合作超过 150 多位高端专家。"每经智库"受到领导和行业高度认可,获得省部级领导点赞超过 20 次,成功案例包括每经品牌 100 指数(中国上市公司品牌价值榜)、城市营商环境系列报告、城市招商引资促进项目、每经商学院等。

三、智慧园区图景建设实践案例

"成都智媒体城""每经中心""白鹭湾数字新经济科创园"是成都传媒集团建设"智媒体集团"过程中三大标志性文创项目,三大园区共占地面积约 140 亩,建筑面积约 60 万平方米,总投资合计约 60 亿元,旨在构建现代文创产业生态体系,建设对标全球领先的智媒体产业园区,并努力将其打造成为成都世界文化名城的新地标。

(一)成都智媒体城

成都智媒体城对标全球领先数字媒体城,定位为"媒体城、智慧城、文创城、未来城",项目位于成都高新区新川创新科技园,占地面积约 63 亩,总建筑面积约 27 万平方米,总投资约 23.5 亿元,吸引上百家优质产业资源,并与其中 30 余家签订合作协议。

成都智媒体城遵循"一心三箭"产业功能定位,以成都传媒集团智慧媒体融合中心为核心,围绕产业形态构建智能科技引领平台、围绕产业需求构建产业融合支撑平台、围绕产业人群构建智慧管理服务平台。项目旨在推动媒体与关联产业跨界融合,挖掘放大传媒集团旗下的成都日报·锦观新闻、成都发布、成都商报·红星新闻、每日经济新闻等一系列核心IP，构建智媒体融合发展产业链，从"内容媒体"演化为"产业生态"。

按照"一城两区三集群"的空间布局，项目重点聚焦数字媒体、现代文创、智慧教育等产业方向，以及新零售、数字化商业、文创新商业等消费方向，建设"5G+媒体+文创"的产业生态体系，吸引产业主体集群发展，打造全国"智媒体产业生态示范区"。园区面向全球公开招标进行创意设计，规划中上层集约功能塔楼满足智慧媒体科创办公、数字新经济产业集群办公需求，下层裙楼和下沉广场满足融媒体展示、数字资源交易、文创消费体验场景需求，特色多功能场馆可满足文创路演、电竞赛事、展会发布、文创活动功能。项目计划于2025年年初正式交付使用。

图4-22　成都智媒体城项目效果图

（二）每经中心

每经中心项目位于成都交子公园金融商务区锦江东岸片区，占地面积约36亩，总建筑面积约18万平方米，总投资约22.4亿元。项目以每日经济新闻为核心IP，打造每经智媒中心、国际财经媒体集群、文创金融路演中心、国际时尚发布中心和文创消费新场景。项目已于2024年一季度开工。

每经中心定位于"媒、产、商、城"共生发展,与交子公园金融商务区建设相互赋能,以"数字传媒、总部经济、时尚消费"为核心,融合专业财经媒体金融属性,重点引进互联网新媒体、金融科技、文创零售等领域头部企业,打造"数字传媒+时尚艺术"现代文创新地标。项目创意方案设计荣获欧洲设计界奥斯卡之称的 2021—2022 意大利 A´ Design Award 国际设计大奖赛最高等级铂金奖。

图 4-23　每经中心项目效果图

(三)白鹭湾数字新经济科创园

白鹭湾数字新经济科创园项目紧邻锦江,位于成都市锦江区三色路白鹭湾新经济总部功能区,项目占地面积约 41 亩,总投资 10.5 亿元,总建筑面积约 14.7 万平方米,项目以建设绿色生态智慧园区为发展理念,规划建设"高品质、高能级、高科技、高附加值"的现代都市工业园区。该项目拟于 2025 年 3 月竣工。

白鹭湾科创园以发展数字新经济为核心,重点引进大数据、人工智能、5G+、区块链等领域链主企业,带动、吸附数字产业创新型、成熟型企业入驻

图 4-24　白鹭湾科创园项目效果图

聚集,形成互利共生、高效协同、相互赋能的数字产业链,为智媒体前沿技术研究和推广应用提供研发、测试、生产"三位一体"的载体空间和技术创新平台。在场景营造上,公共区域设置人文艺术与高科技融合的创意节点、体验互动空间,与锦江滨河湾新消费场景相邻相融,形成多元融合、科技时尚、全时多维、"四态合一"的数字文创消费新场景,打造"最具文创味的数字新经济智慧园区"。

四、东郊记忆国企民企联动打造智慧文旅新场景

近年来,成都传媒集团通过对园区运营机制进行改革,让东郊记忆·成都国际时尚产业园实现蝶变重生。集团围绕"市场化、专业化"改革目标,按照"所有权和运营权"分离原则,面向全国公开招标,引入文创园区专业运营机构作为运营主体,坚持专业机构主导,按照"专业机构整体运营+传媒集团协调服务和监督管理"运作模式,通过利益捆绑机制结成命运共同体,共同推动园区转型升级,有效破解原有运营机制缺乏市场化基因的核心问题,全

力推动园区业态、品牌、管理、效益实现全面提升。

图 4-25　东郊记忆·成都国际时尚产业园南大门

业态实现高端时尚引领。一是产业生态加速构建。产业园围绕音乐艺术、会展博览、现代时尚、创意设计、文化消费、数字文创等 6 大产业门类开展精准招商。2023 年全年园区入驻商企达 249 家,较改革前增幅 162%,带动超 5000 人稳定就业。二是资源吸附力大力提升。产业园成功引入全球数字音乐平台万声音乐、富士影像共享空间等头部企业,落地 ARTE 美术馆(中国内地首馆)、意大利时尚品牌 Brandy Melville(西南首店)、星巴克咖啡等,让园区在社交媒体持续"出圈"。三是文化消费力持续增长。产业园合作运营的沉浸式汉文化餐秀"蜀宴赋"已成为园区"国风"网红IP，引入成都潮流品牌1807、高级西服定制店耄房等，持续打造潮流文化集合地。

品牌形象实现高频出圈。一是风貌品质全面升级。产业园投入8000万元进行提档升级改造，改扩建建筑面积近9万平方米，新建国际艺术展览中心3号馆、东山Re°est等场馆。二是消费场景次第更新。园区布局5大品牌组团，汇聚潮流时尚、原创品牌、场馆及时尚秀场等，形成了兼具成都文化内涵和时尚艺术符号的载体空间，改革以来，开展各类文化交流活动和时尚展秀2000多场次。三是品牌宣发全面发力。产业园开展宣传推广6331余次，较改革前同比增加4058条、增幅178%，累计曝光量超70亿次，并多次得到央视的全网宣传报道。四是美誉度全面增强。园区获评"四川省文化旅游融合示范项目""四川省'蜀里安逸'消费新场景"。

管理水平实现大幅提升。一是全面推进履约管理。产业园建立系统精准的目标导向机制，监督合作方按产业定位推进园区发展，赋能助力园区发展。二是有效构建调度机制。该机制通过集团、文投公司、东方正火（运营机构）协同，在全国文明典范城市创建、成都大运会文化点位交流、重大接待任务等工作中得到了充分检验。三是"红光云"数字平台成功上线。平台已完成园区基础数据建模，实现动态、精准抓取园区客流、入驻业态、消费状况等数据，综合分析入驻商家及入园游客年龄段、消费水平等情况，智慧化管理水平和能力得到明显提升。

"两个效益"双提升。一是社会效益稳步提升。2023年园区高质量举办了"成都国际友城青年音乐周""中国工业遗迹创新创意联盟启动暨纪录片《遗迹里的奇迹》发布仪式""国家地理经典图片展""三体沉浸式艺术展"等各类国际性品牌文化活动1600余场次。得到CCTV-1《朝闻天下》、CCTV-2《天下财经》《第一时间》等栏目热播，曝光量突破1亿，进一步提升了东郊记忆园区品牌曝光度。二是经济效益大幅增长。全年,园区游客接待量1000万人次,较疫情前增幅330%;外省游客占比提升至57.7%;平均租金价格较改革前增长90%;园区全年实现营业收入近11亿元,较改革前增长161%。

附录：名词解释

OCR 文字识别：Optical Character Recognition，即对文本资料进行扫描，然后对图像文件进行分析处理，获取文字及版面信息的过程。

AIGC：Artificial Intellgence Generated Conten，人工智能创作内容的生产方式。

ASR 技术：Automatic Speech Recognition，指自动语音识别技术，是一种将人的语音转换为文本的技术。

IoT：Internet of Things，简称 IoT，即物联网，指通过信息传感器、射频识别技术、全球定位系统、红外感应器、激光扫描器等各种装置与技术，实时采集任何需要监控、连接、互动的物体或过程，采集其声、光、热、电、力学、化学、生物、位置等各种需要的信息，通过各类可能的网络接入，实现物与物、物与人的泛在连接，实现对物品和过程的智能化感知、识别和管理。

XR：Extended Reality，简称 XR，即扩展现实，指通过计算机将真实与虚拟相结合，打造一个可人机交互的虚拟环境，这也是 AR、VR、MR 等多种技术的统称。

NLP 分析：Natural Language Processing，即自然语言处理，是研究人与计算机交互的语言问题的一门学科。

CCD：Charge-coupled Device，即电荷耦合器件，是一种用电荷量表示信号大小，用耦合方式传输信号的探测元件，具有自扫描、感受波谱范围宽、畸变小、体积小、重量轻、系统噪声低、功耗小、寿命长、可靠性高等一系列优点,并可做成集成度非常高的组合件。

CMOS:Complementary Metal Oxide Semiconductor,是互补金属氧化物半导体的缩写。它是指制造大规模集成电路芯片用的一种技术或用这种技术制造出来的芯片,是电脑主板上的一块可读写的 RAM 芯片。

Sensor:德克罗蒙温度传感器,是一种检测装置,能感受到被测量的信息,并能将检测、感受到的信息,按一定规律变换成电信号或其他所需形式的信息,以满足信息的传输、处理、存储、显示、记录和控制等要求。它是实现自动检测和自动控制的首要环节。

ISP:Internet Service Provider,简称 ISP,互联网服务提供商,即向广大用户综合提供互联网接入业务、信息业务和增值业务的电信运营商。

UGC:User Generated Content,用户原创内容。

DAU:Daily Active User,日活跃用户数量。

GMV:Gross Merchandise Volume,简称 GMV,即商品交易总额,是成交总额(一定时间段内)的意思。

K8s:Kubernetes,简称 K8s,是用 8 代替名字中间的 8 个字符"ubernete"而成的缩写,是一个开源的、用于管理云平台中多个主机上的容器化的应用,Kubernetes 的目标是让部署容器化的应用简单并且高效,Kubernetes 提供了应用部署、规划、更新、维护的一种机制。

CDN:Content Delivery Network,即内容分发网络。

NLP:Neuro-Linguistic Programming,即神经语言程序学。

DRM:Digital Rights Management,即数字版权管理。

图书在版编目(CIP)数据

中国智媒体融合发展报告. 2023 / 赵子忠，母涛主编.北京：中国传媒大学出版社，2024.12.

ISBN 978-7-5657-3676-6

Ⅰ. G219.2

中国国家版本馆 CIP 数据核字第 20245TJ957 号

中国智媒体融合发展报告(2023)

ZHONGGUO ZHIMEITI RONGHE FAZHAN BAOGAO(2023)

主　　编	赵子忠　母　涛		
责任编辑	张　静		
特约编辑	李　婷		
责任印制	李志鹏		
封面设计	风得信设计·阿东		
出版发行	中国传媒大学出版社		
社　　址	北京市朝阳区定福庄东街1号	邮　编	100024
电　　话	86-10-65450528　65450532	传　真	65779405
网　　址	http://cucp.cuc.edu.cn		
经　　销	全国新华书店		
印　　刷	唐山玺诚印务有限公司		
开　　本	710mm×1000mm　1/16		
印　　张	12		
字　　数	160 千字		
版　　次	2024 年 12 月第 1 版		
印　　次	2024 年 12 月第 1 次印刷		
书　　号	ISBN 978-7-5657-3676-6	定　价	60.00 元

本社法律顾问：北京嘉润律师事务所　郭建平